AF137872

LA CONFIANCE FAIT TOUT

COMMENT S'AIMER ? POURQUOI FAIRE CONFIANCE ?

Meily CHEN

La confiance fait tout

COMMENT S'AIMER? POURQUOI FAIRE CONFIANCE?

MURSTY

© Meily CHEN, 2021, réédition.

Le Code de la propriété intellectuelle interdit les copies ou reproductions destinées à une utilisation collective. Toute représentation ou reproduction intégrale ou partielle faite par quelque procédé que ce soit, sans le consentement de l'auteur ou de ses ayants cause, est illicite et constitue une contrefaçon sanctionnée par les articles L 335-2 et suivants du Code de la propriété intellectuelle.

Édition : BoD · Books on Demand, 31 avenue Saint-Rémy, 57600 Forbach, bod@bod.fr

Impression : Libri Plureos GmbH, Friedensallee 273, 22763 Hamburg (Allemagne)

ISBN : 978-2-3225-6189-6

Dépôt légal : juin 2025

Adopter une confiance en soi,
se sentir en accord et en paix.
Comment pouvons-nous nous aimer ?
Faut-il perdre du poids ?
Partager sa confiance, créer des relations.
Pourquoi faut-il faire confiance ?
Comment évoluer ?

Je dédie ce livre à toutes celles et ceux qui veulent comprendre le monde. Les relations humaines qui nous entourent chaque jour sont basées sur la confiance. Celle-ci permet la création d'un univers et d'une atmosphère propice à notre développement et notre évolution. Les personnes qui ont fait le choix de lire ce livre vont prendre conscience de l'importance de la confiance. Dans ce petit ouvrage, je détaille chaque pilier de la confiance. Ce sujet me passionne et m'intéresse, j'aime aider les autres et je veux vous apporter mon aide. Grâce à ce livre et seulement lui, vous verrez la vie d'une autre manière. Il est temps de se concentrer sur vous, pour ensuite vous concentrer sur les autres. Acceptez de prendre un temps pour connaître en détail à quel point la confiance vous enrichit. Investissez pour vous et vous serez séduit par les connaissances que vous apportera ce livre. Enfin si vous éprouvez vraiment le besoin d'apprendre sur ce sujet, documentez-vous un maximum et vous verrez que ce livre résume tout. C'est la solution à votre problème, sans confiance, il est impossible d'avancer dans la vie. Apprenez, si ce n'est pas déjà le cas, à avoir confiance en vous et faire confiance aux autres. De plus, la confiance est le secret pour devenir la meilleure version de vous-même. Comment agit la confiance ?

" La vrai lecture commence quand on ne lit plus pour se distraire et se fuir, mais pour se trouver "

SOMMAIRE

INTRODUCTION

Au cours de votre vie, vous êtes amenés à faire des choix chaque jour. Les choix que vous devez prendre sont des options qui s'offrent à vous. Simplement la plupart du temps, en réfléchissant un peu nous nous demandons « comment faire les bons choix ? »

Il n'y a pas de bons ou mauvais choix. Vous devez suivre votre propre intuition et vous fier à vous-même. Cette méthode est donc l'objet de ce livre : la confiance. Certains en sont dotés depuis leur enfance et elle n'a jamais été remise en question. Certains ont pu s'en emparer, mais l'ont perdue. Certains ne l'ont jamais connue. Certains doutent d'elle, ou ne la connaissent pas, et se demandent : comment peuvent-ils l'améliorer ? Vous vous reconnaissez dans une de ces options ?

Dans tous les cas aujourd'hui vous avez fait le choix d'approfondir vos connaissances, c'est pourquoi je vous détaille chaque point qui m'a permis d'avoir confiance en moi et en d'autres personnes. Je suis une personne ambitieuse qui aime aider les autres, dans cet ouvrage, je vous partage ce qui m'a aidée et ce qui m'a été difficile.

J'ai conscience que nombreuses sont les personnes qui ne se posent pas la question de savoir si elles ont ou non confiance en elle. Une grande partie de la population doute d'elle et ne passe pas à l'action. Je veux que vous preniez conscience que 75 % de la population manque de confiance en elle.

La confiance vous emmènera à la réussite et au succès. Celle-ci fait partie intégrante de notre vie. Elle fonde notre société. Sans elle, aucune relation ne serait possible.

Pourquoi lire ce livre ? Vous devez prendre votre avenir en main dès aujourd'hui et passer à l'action. Ce livre a été créé pour vous. Peu importe votre situation, il vous aidera à améliorer votre vision de la vie. J'ai choisi de rédiger une approche globale de la confiance pour inspirer la plupart d'entre vous. Je sais que beaucoup de personnes manquent de confiance et je m'engage à les aider. En outre, je fais allusion à ceux qui sont déjà épanouis. Puis je fais référence à ceux qui excèdent de confiance parce que oui, gérer et maîtriser la confiance que l'on se porte et que l'on porte aux autres est très complexe.

Enfin, je vous partage mes conseils pour avancer dans la vie que ce soit sur le plan personnel ou professionnel. Vous atteindrez vos objectifs grâce à la confiance que vous accorderez à vous et à votre entourage si ce n'est pas encore le cas. Pour finir, j'explique l'influence que les autres ont sur nous et les relations que nous entretenons, comment s'excuser et comment pardonner.

La confiance vous permettra de vivre pleinement en paix avec vous-même et avec les autres. Adoptez un bel état d'esprit et de nouvelles habitudes pour profiter du moment présent à 100 %.

À présent, je vous apporte mon aide pour avancer et devenir la meilleure version de vous-même.

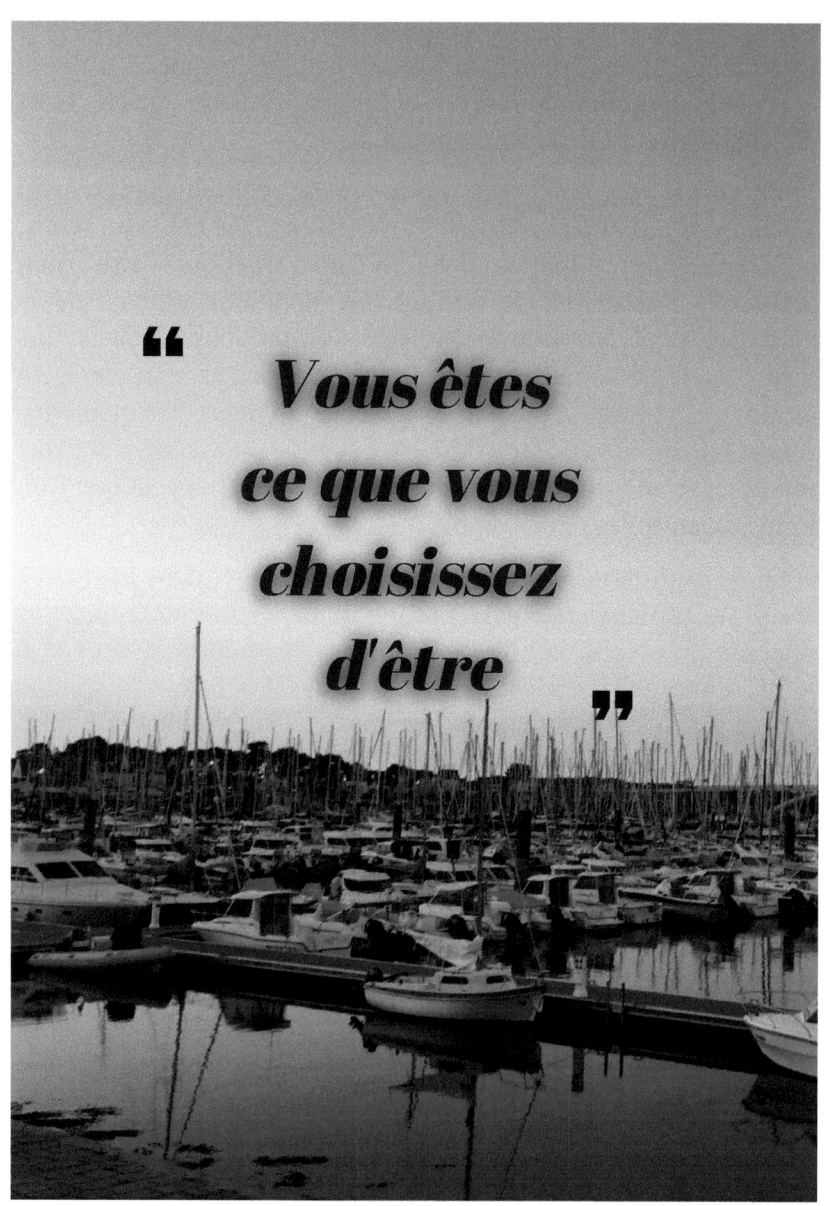

" **Vous êtes ce que vous choisissez d'être** "

PREMIÈRE PARTIE
LA CONFIANCE EN SOI

CHAPITRE 1
COMMENT DÉFINIR LA CONFIANCE EN SOI ?
LA CONFIANCE EN SOI QU'EST-CE QUE C'EST EN RÉALITÉ ?

Chaque personne à sa propre définition de la confiance en soi. Elle est définie suivant notre imagination et souvent nous pensons, serait-elle un pouvoir ? En effet, les personnes qui ont confiance en elles sont vues comme des personnes qui réussissent tout ce qu'elles entreprennent. En voulant donner la définition de ce qu'est pour nous la confiance en soi, nous sommes facilement amenés à nous comparer. C'est pourquoi la définition varie selon chaque individu.

La confiance en soi en réalité c'est se sentir bien dans sa peau et être en accord avec soi-même. Elle existe à différentes échelles d'une personne à une autre. Cela signifie qu'elle est variable. La confiance en soi peut alors s'améliorer, mais aussi se détériorer.

Pour ceux qui le souhaitent et les plus motivés à se donner au maximum, il est possible de l'améliorer. Il suffit de mettre en place quotidiennement un nouveau mode de vie, de nouvelles habitudes et changer s'il le faut pour mieux s'accepter. En revanche, il est difficile d'acquérir la confiance en soi si on ne l'a jamais connue, mais rien n'est impossible. Ce manque de confiance en soi amène tellement de problèmes qu'il sera un obstacle à franchir pour enfin se dévoiler et s'épanouir. Pour moi, le manque de confiance en soi c'est comme un blocage, qui me force à me renfermer sur moi-même. Je souhaiterais agir, mais je cède et je n'ose pas m'affirmer.

Être véritablement soi grâce à cette confiance que l'on a en nous n'est pas une illusion. N'importe qui peut oser être soi, c'est un droit qui nous est offert, ce droit de vivre en paix avec soi-même. Nous sommes libres d'être qui l'on souhaite. Alors, souvenez-vous que vous devez toujours croire en vous.

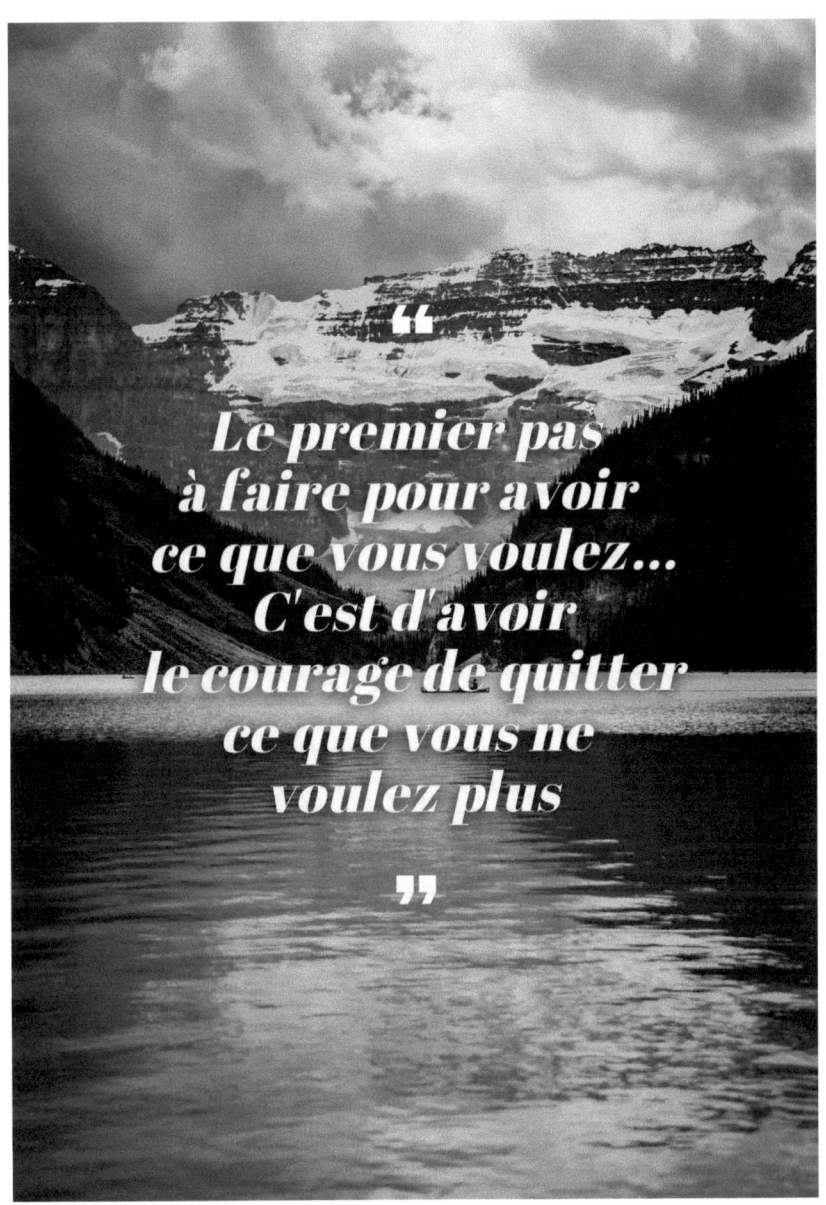

" Le premier pas
à faire pour avoir
ce que vous voulez...
C'est d'avoir
le courage de quitter
ce que vous ne
voulez plus "

CHAPITRE 2
L'ESTIME DE SOI, QUELLE DIFFÉRENCE ?

Avoir de la confiance en soi est une chose, mais avoir de l'estime de soi en est une autre. Ces deux termes ont une nature différente. Comprenez comment chaque terme est défini. Ainsi vous réaliserez ce qui vous manque ou ce que vous avez déjà acquis. De la confiance en soi ou de l'estime de soi ?

La confiance en soi et l'estime de soi se développent différemment.

En premier lieu, la confiance en soi, comme nous l'avons vu, a un sens qui nous est propre. Elle est décrite par un sentiment créé depuis nos pensées. C'est lorsque l'on se demande face à une situation si nous sommes en mesure d'affronter ou non cet évènement que ce soit physiquement ou mentalement. La confiance en soi est une sorte de prédiction que l'on se fait, elle détermine si l'on est capable d'accomplir certaines actions.

Puis de l'autre côté, l'estime de soi c'est quoi ? Vous devez faire la différence entre les deux et saisir quel est votre problème pour y apporter la bonne solution. L'estime de soi est le résultat de votre prédiction. À vous d'estimer si la confiance en soi dont vous avez fait preuve a été une réussite ou non face à la situation. Sans vous en rendre compte après vous être fait confiance, vous déterminez si ce qui s'est passé vous ressemble. L'estime de soi est la valeur que l'on s'accorde. C'est la manière dont on se considère, le respect que l'on se porte. Par exemple après une rentrée scolaire. Lorsque vous repensez à cette journée, vous vous posez les questions « Ai-je été sociable ? », « Ai-je été exemplaire ? »… et à ce moment-là vous y répondez. Dans ce cas vous vous estimez, vous estimez la valeur que vous vous accordez « j'ai été comme ceci, comme cela… ».

C'est ça l'estime de soi !

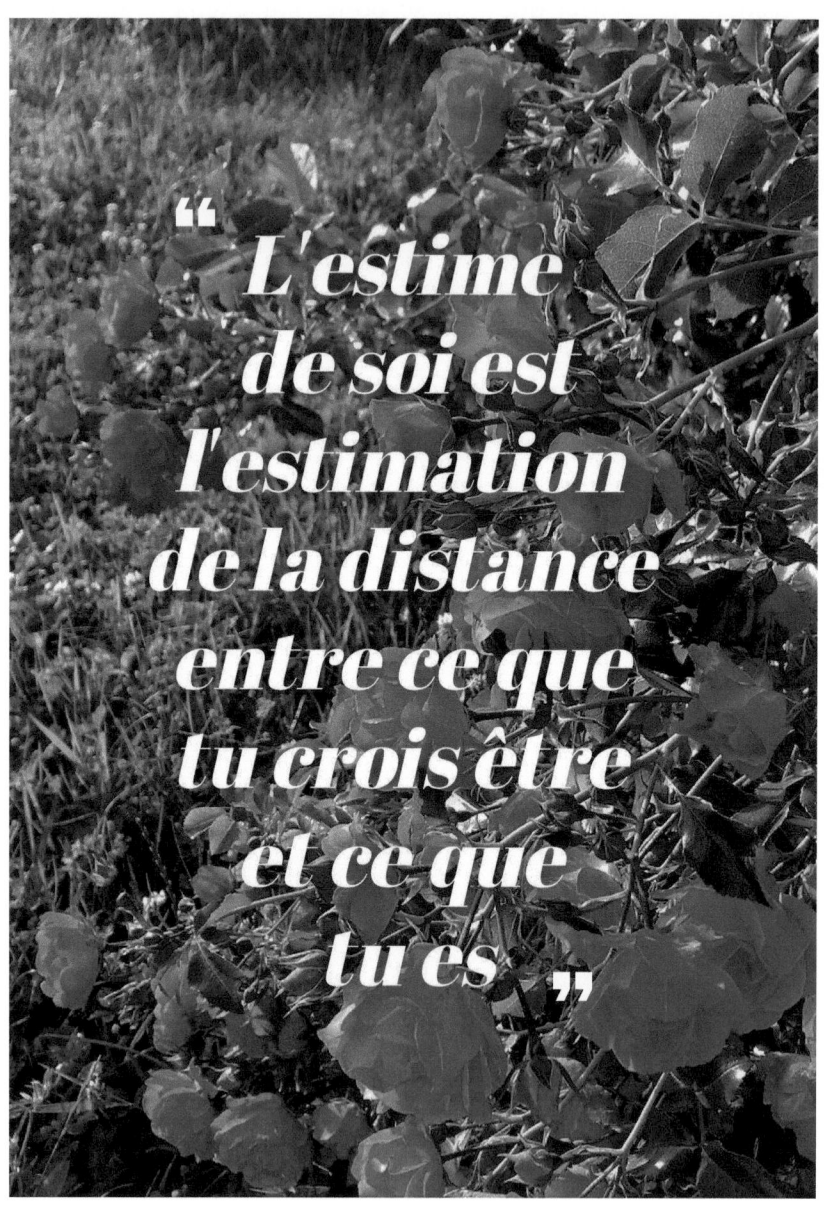

" L'estime de soi est l'estimation de la distance entre ce que tu crois être et ce que tu es "

CHAPITRE 3
QUEL EST VOTRE PROBLÈME ?
ÉVALUEZ VOS BESOINS

Alors éprouvez-vous un manque de confiance en vous ou un manque d'estime de vous ? Si cela se trouve, vous ne manquez de rien, mais sachez que la confiance et l'estime de soi sont des sentiments imparfaits. Prenez du temps pour réfléchir et déterminer vos besoins.

Souvenez-vous, la confiance en soi se ressent une fois que vous vous demandez si vous êtes capable de faire ceci ou cela. L'estime de soi est la conséquence de ce qui s'est passé, c'est lorsque vous vous demandez ce que vous valez. Pour vous aider, voici un exemple des pensées d'une personne qui manque de confiance en elle : « Je ne vais jamais y arriver », « je suis incapable de... », « J'ai peur de faire cela... » Pour une personne qui manque d'estime de soi, ce sera : « Je suis moche », « je suis nul(le) », « je ne vaux rien »... Faites la part des choses et déterminez avant tout quel est votre problème. Réalisez ce qui vous manque ou non et ce dont vous avez besoin.

De façon à visualiser : imaginez-vous par exemple au pied d'un mur d'escalade. Maintenant, demandez-vous si vous êtes capable de monter ce mur. Si vous avez la réponse à cette question, peu importe la réponse, vous avez confiance en vous, en tout cas dans cette situation. Je dis cela puisque face à la situation vous savez comment vous allez réagir. En revanche, si vous doutez et vous ne savez pas si vous allez arriver à monter ou non cela veut dire que vous manquez sûrement de confiance en vous. D'un autre côté, si votre réponse montre que vous êtes sûr de vous, voire trop sûr, par exemple si elle est irréaliste comme « Je vais le monter à une main » alors que vous n'avez jamais fait de l'escalade. Dans ce cas, vous avez face à cette situation un excès de confiance en vous. Pour finir, si votre réponse est raisonnable ainsi qu'en accord à votre expérience et ce que vous avez déjà accompli, vous avez confiance en vous.

À présent, mesurons l'estime de soi. Pour savoir si vous manquez d'estime de vous. Imaginez que vous n'avez pas réussi à un examen parce que vous n'aviez pas révisé (par exemple). Si votre réaction aux résultats du test est de ce genre « très bien, je n'avais pas révisé, il fallait s'y attendre », félicitations, vous avez une bonne estime de vous. Au contraire si votre réaction est plutôt du genre « j'aurais dû y arriver, je suis vraiment nul (le) c'était si simple » vous souffrez sûrement d'une mauvaise estime de vous. Les personnes qui ont une mauvaise estime d'elles-mêmes se rabaissent personnellement et ne se trouvent jamais bien ce qui mène à un mal-être.

Je rappelle que les exemples dont j'ai fait part n'évaluent pas totalement votre confiance en vous ni votre estime de vous puisque chaque situation ne se ressemble pas. Vous pouvez alors très bien savoir si vous êtes capable de monter ou non le mur d'escalade, mais incapable de savoir si vous pouvez parler devant un millier de personnes en public, par exemple.

Maintenant que vous savez de quoi vous manquez, de quoi vous excédez, vous allez commencer à traiter tout de suite votre problème.

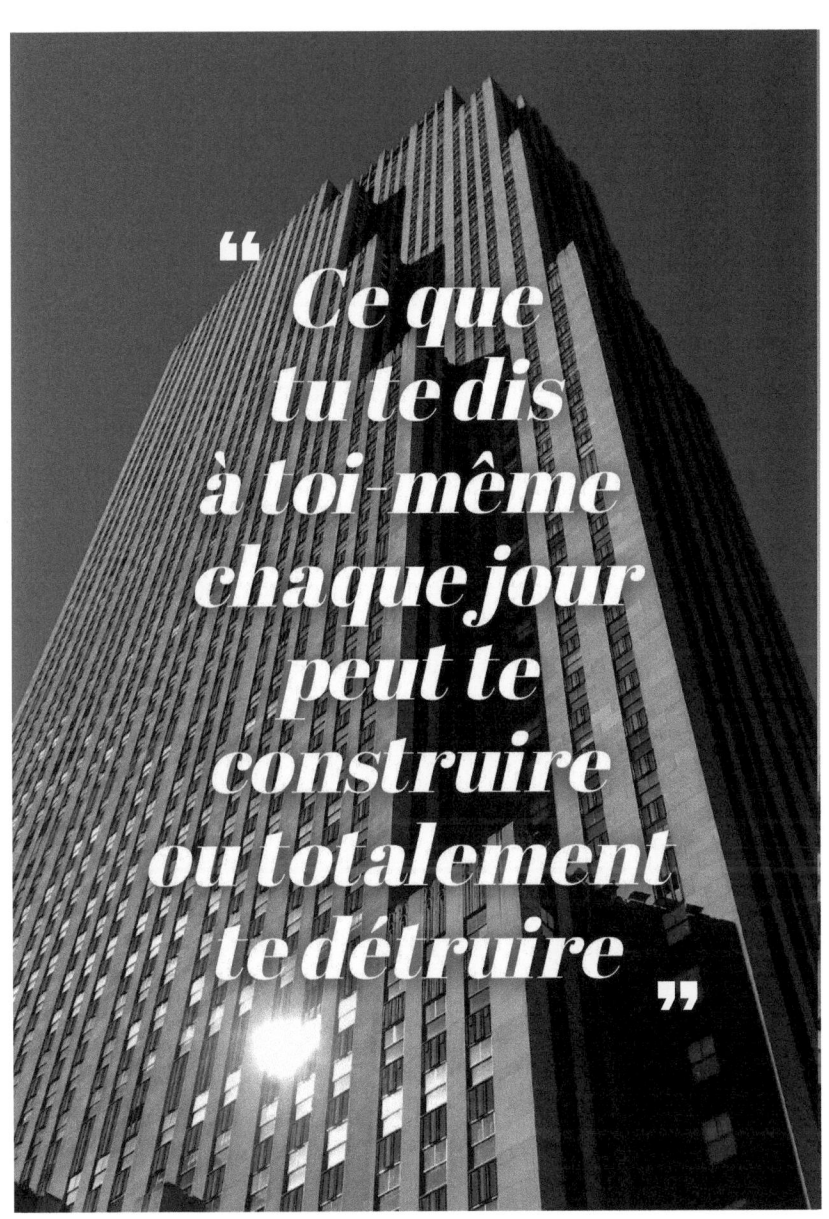

"Ce que tu te dis à toi-même chaque jour peut te construire ou totalement te détruire"

CHAPITRE 4
QUELLE EST LA SOLUTION POUR AMÉLIORER LA CONFIANCE EN SOI ? ET CELLE POUR AMÉLIORER L'ESTIME DE SOI ?

Pour croire en vous, vous devez vous fier à vous-même, en apprenant à vous connaître en détail. Mais comment faire pour améliorer sa confiance en soi ?

Vous devez utiliser votre expérience pour savoir de quoi vous êtes capable. Plus vous apprendrez des choses à votre sujet, en vous entraînant et en découvrant vos qualités et vos faiblesses, plus vous obtiendrez cette confiance en vous. La confiance en vous vous dotera d'un sentiment de sécurité. En multipliant les erreurs et les réussites à chaque obstacle que vous verrez, vous en tirerez une leçon. Elle vous permettra de ne pas refaire la même erreur ou bien de réussir à nouveau. Vous saurez de mieux en mieux comment vous réagirez face à une situation puisque vous aurez déjà vécu une situation semblable.

Cela n'a rien à voir avec la chance, c'est à vous d'évaluer si vous êtes capable ou non de « ... ». Je veux dire que ce n'est pas du hasard, c'est grâce à ce que vous aurez vécu que vous vous connaîtrez plus en détail. Mieux vous apprendrez à vous connaître plus vous aurez de la confiance en vous. Alors, expérimentez. Souvenez-vous comment avez-vous fait la dernière fois pour « ... ».

À présent, je reprends mon exemple du mur d'escalade, vous avez maintenant monté deux fois cet obstacle. Une semaine plus tard, vous retournez devant ce mur. Demandez-vous si vous êtes ou non en mesure de le refaire. Si vous avez la réponse lors de cette situation, vous avez confiance en vous. Vous vous êtes basé sur ce qui s'est déjà passé et vous savez comment vous allez arriver à monter.

N'oubliez pas que la confiance variera à chaque situation. Par exemple, vous êtes amené à pratiquer le surf, mais vous n'avez jamais fait de surf. Vous prendrez donc le temps d'essayer et cela vous permettra d'apprendre comment vous vous en sortirez la prochaine fois. Grâce à cette nouvelle expérience, vous aborderez vos prochaines sessions de surf avec plus de confiance. Vous aurez une meilleure conscience de vos capacités.

Aussi rappelez-vous qu'à tout âge la confiance en soi peut s'acquérir comme elle peut se perdre. La confiance varie constamment. À vous de vous en servir le plus possible pour déterminer si vous êtes ou non capable de « ... » et d'avoir une réponse à cette question, peu importe quelle sera la réponse, au moins vous aurez la réponse. C'est ça d'avoir confiance en soi.

Construite par nos soins, la mauvaise estime de soi, nous créer un réel malheur, mais vous êtes en mesure de changer cela. L'estime de soi se définit par une image que vous vous formez de vous-même. Votre image peut être positive ou négative, cela dépend de l'estime que vous vous accordez.

Si vous avez une mauvaise estime de vous, c'est comme si vous n'aviez pas conscience de la valeur de votre personne. Comment savoir ce que l'on vaut ? La valeur est quelque chose que chaque être s'attribue. Un aspect important n'est pas à négliger : « Nous avons tendance à nous voir non pas comme les autres nous voient, mais plutôt comme nous pensons qu'ils nous voient. »

Avoir une faible estime de vous, vous fait vous sentir inférieur et vous n'êtes jamais satisfait de qui vous êtes, que ce soit mentalement ou physiquement. Dans ce cas, vous vous trouvez comme ci, comme ça, et vous voyez toujours vos défauts. Les défauts prennent alors la plus grande partie de votre esprit et dépassent les qualités. Vous voyez seulement ce qui ne va pas chez vous et ainsi vous avez une image négative de vous-même. Ne voir que vos défauts et oublier vos qualités produit un impact dans votre vie. Simplement, vous vous comparez à longueur de journée et vous pensez être tout le temps inférieur même si en réalité ce n'est pas le cas. Le plus important est de comprendre que cette image est néfaste pour vous. Cette image négative vous empêche d'être qui vous êtes réellement et vous frustre intérieurement.

Pour améliorer votre estime de vous, vous devez vous concentrer sur vous et seulement vous. Prenez la responsabilité de votre bonheur, soyez heureux et contentez-vous de qui vous êtes sans vous comparer aux autres. Faites chaque jour des petites choses pour apprendre à vous aimer. Je vous conseille chaque matin de vous regarder dans un miroir et de dire à voix haute vos valeurs et vos qualités. Dire cela vous permettra de mettre en avant vos atouts plutôt que vos défauts. Choisissez de respecter votre être, arrêtez de vous dévaloriser, et affirmez-vous.

Le chemin qui mène à la confiance ou à l'estime de soi est long et il peut vous paraître difficile d'avancer tout droit, ce serait trop simple. Ne vous inquiétez pas vous pouvez le faire et en lisant ce livre vous êtes déjà sur la bonne voie.

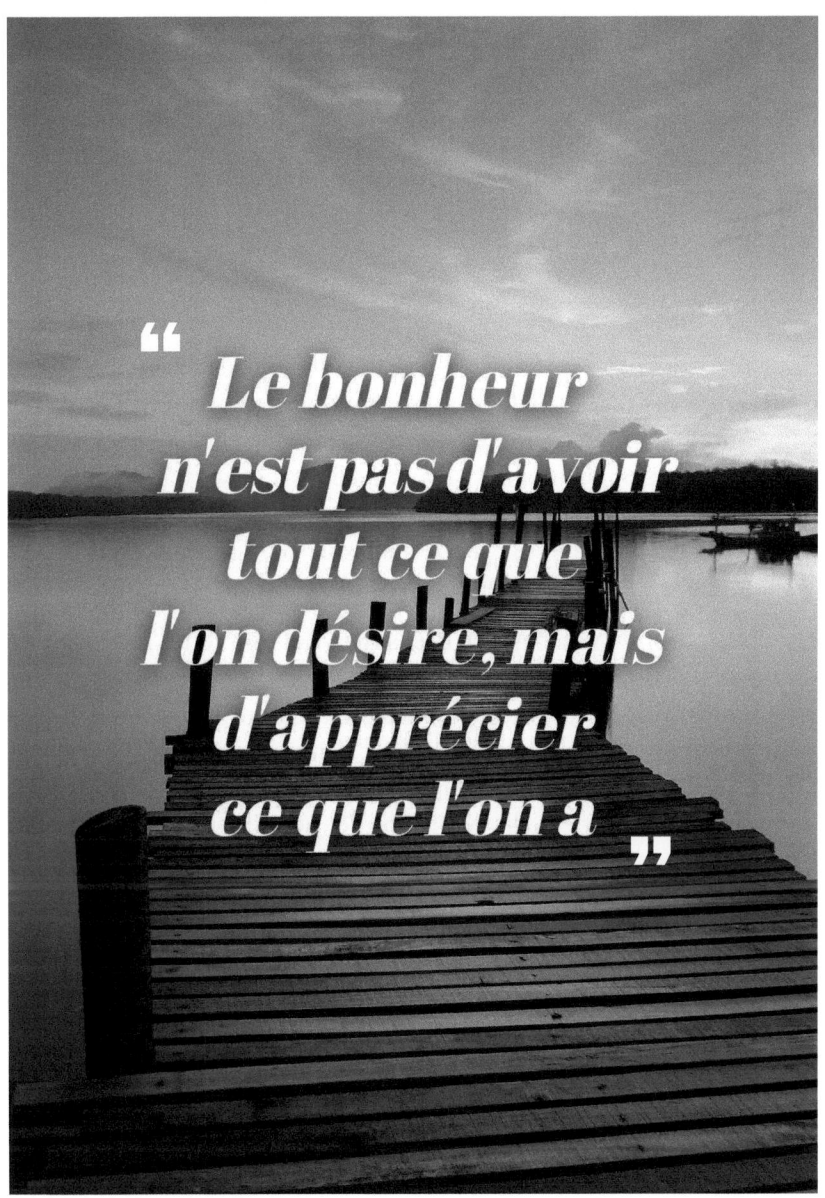

" Le bonheur n'est pas d'avoir tout ce que l'on désire, mais d'apprécier ce que l'on a "

CHAPITRE 5
VOUS AVEZ BESOIN DE MOTIVATION

Pour utiliser mes conseils, vous aurez besoin de motivation. La motivation est une chose qui manque à tous ceux qui hésitent et à ceux qui ne sont pas à fond dans ce qu'ils entreprennent. Dans la vie la motivation est décisive, si vous êtes motivé vous réussirez. Sans elle, vous ne cesserez de vous trouver des excuses pour ne pas agir. Si vous n'en avez pas ou pas assez, vous vous questionnerez et ne passerez jamais à l'action.

La motivation vous permet d'essayer de nouvelles choses, de prendre de nouveaux chemins qui mèneront à vos objectifs personnels. Elle vous guide pour ne pas abandonner, il se peut que vous échouiez, mais elle vous aidera à vous relever. Pour obtenir de la motivation et enfin entreprendre des actions qui vous tiennent à cœur, rien de plus simple que de la trouver et de l'entretenir.

À l'ère de l'informatique, aujourd'hui nous avons tous accès à l'information. Il suffit de pouvoir se connecter à internet. Internet vous offre plein d'inspiration et de motivation, vous pouvez en trouver sur les réseaux sociaux comme Instagram et YouTube. Quoi de mieux que quelque chose de gratuit ? La motivation est à la portée de tous. Même si la motivation doit venir de vous, certaines aides peuvent vous permettre d'en obtenir plus et plus rapidement.

Recherchez des citations, des vidéos de personnes inspirantes, des textes… Au lieu de regarder Netflix, suivez des personnes qui vous inspirent, qui vous motivent, qui positivent. La clé est de s'entourer le plus possible de personnes de positives.

Changez le négatif en positif. Une méthode simple a été créée ayant pour but de modifier notre perception des choses négatives qui apparaissent dans nos vies. Simplement, quand une phrase, une idée, une pensée, un évènement est négatif, arrêtez d'utiliser la négation, du style « ne… pas, ne… jamais… ». Par exemple, choisissez de dire « je vais m'en sortir » à la place de « je ne pourrais pas y arriver ». C'est une astuce simple à utiliser quotidiennement et en mettant cela en place je vous garantis que cela vous permettra de voir le plus régulièrement les choses du bon côté. La solution apparaîtra face au problème que vous rencontrerez.

Les ondes positives sont des alliées pour être heureux et vivre pleinement. Elles vous rendront confiant et vous obtiendrez une meilleure estime de vous. Positivez le plus souvent en changeant le négatif en positif. C'est vrai qu'il est plus facile à dire qu'à faire, mais c'est une histoire d'habitude. Il vous suffit d'essayer et de persévérer.

" **Cela semble toujours impossible. Jusqu'à qu'on le fasse.** "

DEUXIÈME PARTIE
L'INFLUENCE DES AUTRES

Pourquoi manquez-vous de confiance ?

Pourquoi vous sous-estimez-vous ?

Un point faible

CHAPITRE 6
VOTRE FAMILLE, VOS AMIS, LES INDIVIDUS QUI VOUS ENTOURENT INFLUENT SUR LA QUANTITÉ DE CONFIANCE QUE VOUS VOUS ACCORDEZ

Parfois, la confiance en soi ou l'estime de soi sont détériorées par notre entourage. Nous vivons dans une société qui juge sans arrêt que ce soit notre famille, nos amis, n'importe qui peut critiquer en silence ou bien en face de nous. Souffrir de cette négativité nous rend mal inconsciemment ou non et nous n'assumons pas qui nous sommes. Même en voulant positiver, certaines personnes peuvent nous rabaisser, voire sans forcément le vouloir. En se comparant, cela peut aller jusqu'à arriver à ce que nous n'ayons plus confiance en nous. Dites-vous que ces personnes qui se préoccupent de vous elles-mêmes ne savent même pas elles-mêmes si elles ont confiance en elles. Dans la majeure partie du temps, elles se surestiment alors qu'elles sont à la même hauteur que vous.

Tout autour de nous, nous sommes influencés par les autres. La famille proche qui vit à nos côtés ou même éloignée qui ne croit pas en nous et qui juge qui vous êtes, entraîne ce manque de confiance en vous. En revanche, c'est à vous d'apprendre et comprendre que la confiance en soi et l'estime de soi s'améliorent grâce à vous-même. Vous êtes le seul auteur de l'histoire de votre vie. C'est à vous de passer à l'action et de reprendre de l'assurance. Prenez de l'assurance et respectez-vous en priorité et les autres vous respecteront s'ils en valent la peine. Vous gagnerez en confiance et vous vous assumerez comme vous êtes. Vous devez être fier de vous.

Je pense également aux amis qui peuvent vous dévaloriser. Ils ne le souhaitent pas forcément, mais ils vous font vous comparer à eux. Ainsi sans le vouloir, vous tombez dans ce piège et vous doutez de vous. Si vous n'avez pas une confiance en vous ou une estime de vous assez forte, vous vous questionnerez encore et encore. Pour apprendre à éviter de se comparer, il faut une fois de plus se concentrer sur ce que vous êtes capables d'accomplir et sur ce que vous valez et non pas sur ce que les autres sont capables d'accomplir et ce qu'ils valent. Il est tout à fait logique de se comparer, c'est normal, mais n'oubliez jamais que vous valez mieux que ça, vous êtes vous et c'est comme ça. Après l'influence des amis, reste aussi positive. Les amis et la famille qui vous font confiance vous aideront à progresser dans la bonne direction. À vous d'utiliser cette aide au lieu de rentrer en concurrence avec vos proches. Voyez l'intérêt que ces personnes ont pour vous. Nul besoin de devenir jaloux de ce qu'ils sont par rapport à vous. Pour finir, cela revient à s'accepter.

L'acceptation de soi est difficile à trouver, mais quand vous avez compris comment l'obtenir, il est plus simple de faire abstraction de votre entourage. Vous cesserez de vous comparer.

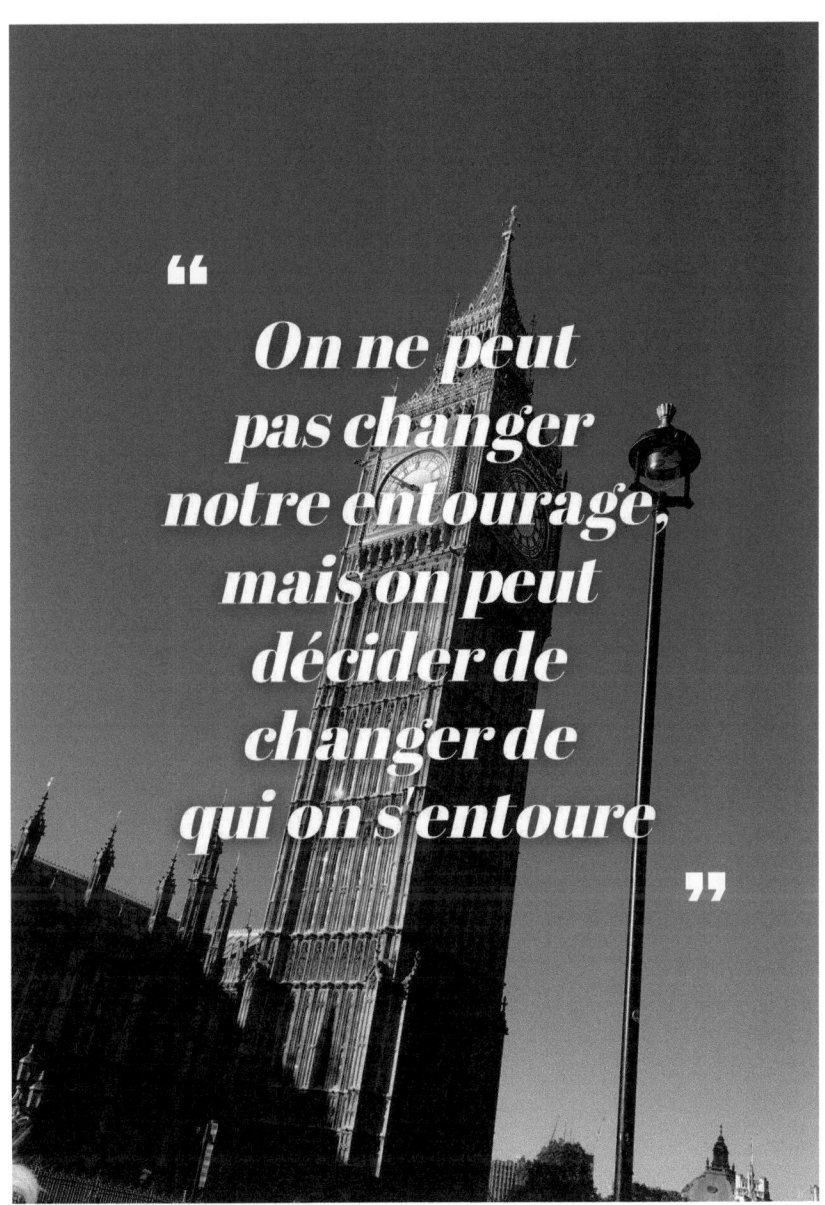

" On ne peut
pas changer
notre entourage,
mais on peut
décider de
changer de
qui on s'entoure
"

CHAPITRE 7
LES RÉSEAUX SOCIAUX

La famille, les amis sont les principaux acteurs auxquels on pourrait seulement faire allusion. Pour moi en revanche, il est indispensable d'aborder l'influence des réseaux sociaux. Maintenant, nous avons tous la possibilité d'utiliser les réseaux sociaux. D'ailleurs, cette utilisation est réservée à n'importe quel âge et se passe de plus en plus jeune. L'influence des réseaux sociaux peut marquer les plus jeunes, elle peut être rapidement nocive notamment s'ils sont manipulables.

L'image que vous renvoyez de vous au travers de vos comptes Instagram, Snapchat, Facebook, Twitter... veut être la plus belle possible, pour se sentir aimé. Par conséquent, un grand nombre de gens se servent des réseaux pour devenir populaires et se créer une image de soi totalement irréelle. Le monde virtuel a ses avantages certes, mais aussi ses inconvénients. Vous devez faire la part des informations véritables et celles fausses. Il faut éviter de tout croire et n'accorder sa confiance qu'à certaines personnes ou sources. Vu toutes les personnes qui sont sur les réseaux sociaux, chacun devient plus facilement influençable et est tenté de copier les autres pour devenir comme eux. L'image que l'on se fait de soi est alors complètement erronée et la réalité correspond à tout autre chose.

Principalement, je voudrais aborder le sujet d'Instagram. Pour ceux qui ne connaissent pas, Instagram est un réseau social permettant d'échanger avec d'autres personnes en postant des photos et vidéos de votre vie personnelle. Je pense que les systèmes de like ou d'abonnés, nous font de plus en plus nous comparer aux comptes d'autres individus que nous connaissons ou non. La confiance en soi et l'estime de soi sont perçues à travers ce système et vous pouvez rapidement vous sentir inférieur et douter de vous. De plus, vous pouvez choisir de vous créer une personnalité différente. Justement, l'objectif sera d'obtenir plus de « j'aime » ou d'abonnés par la création d'un faux profil par exemple.

Le problème est que chacun cherche à être aimé et reconnu au cœur d'un grand groupe. Cette attention prouve que l'on vous porte de l'intérêt. Et de nombreuses personnes ont besoin de cette reconnaissance pour se faire confiance et pour comprendre que les autres leur accordent une réelle valeur.

J'ajouterais que les célébrités les plus connues du web que ce soit sur Instagram ou un autre réseau social sont appelées influenceurs. Le terme d'influenceur laisse déjà penser que cette personne cherche à attirer le plus d'abonnés. Le problème est que les influenceurs se servent des réseaux sociaux comme travail et sont en partenariat avec des marques pour vendre des produits. Le contenu des influenceurs est faussé, mais cela marche et ils arrivent tout de même à vous vendre une image irréelle d'eux. Je pense que les influenceurs ne sont pas un problème, mais c'en est un pour les personnes facilement influençables, et qui manquent de confiance en elles ou qui ont une faible estime d'elles.

Les réseaux sociaux vous emprisonnent dans une vision parfaite du monde. Et de là vient rapidement la comparaison entre vous et les autres. Ils vous font oublier qui vous êtes et vous montrent en grande partie qui vous n'êtes pas. Là il est simple de se créer des défauts et par la même occasion possible d'oublier ses qualités.

Pour vous aider, si quelquefois vous ne vous sentez pas à la hauteur ou pas assez bien… déconnectez-vous quelque temps du monde virtuel. Cela vous fera le plus grand bien. Ce temps vous permettra de retrouver votre confiance en vous, de vous accepter et de vous aimer.

"
Vous êtes
ce que vous
partagez
"

Souvenez-vous que chaque personne est unique, nous sommes tous des êtres différents et ce n'est pas pour cela que certains sont supérieurs ou inférieurs à nous. Apprenez déjà à prendre conscience que vous êtes dotés de qualités qui font de vous une personne en accord avec elle-même que ce soit mentalement ou physiquement. Encore une fois, nous n'avons pas tous les mêmes vies, les mêmes envies, les mêmes qualités. Derrière l'image des comptes inscrits sur Instagram, il peut se passer beaucoup de choses différentes. L'image est souvent faussée puisque nous ne sommes pas dans l'intimité des personnes.

Assez parlé de négatif au travers d'Instagram, je voudrais vous parler du positif. Nous avons vu ensemble ce pour quoi Instagram ou d'autres réseaux sociaux sont dangereux, mais nous devons aussi positiver à propos d'eux. En effet, malgré leur côté nocif, ils permettent de trouver l'inspiration, la motivation, l'imagination… Si vous montrez qui vous êtes en réalité, ils vous offrent la possibilité de vous assumer aux yeux de tous.

Le contenu publié est dense. Il vous cultive grâce à son ouverture sur le monde. Certains comptes sont très inspirants et utiles pour atteindre vos objectifs personnels. Par exemple, vous y trouvez des personnes qui vous ressemblent et partagent des expériences similaires aux vôtres. Partager renforcera la confiance que vous avez en vous et votre estime. Vous comprenez que d'autres personnes partagent cette situation. C'est pourquoi les réseaux sociaux ont une influence négative et positive.

Enfin, je rappelle que vous êtes libre de faire ce que vous voulez, mais je vous conseille de rester fidèles à vous-même, vous serez plus confiant et à l'avenir vous obtiendrez un sentiment de fierté.

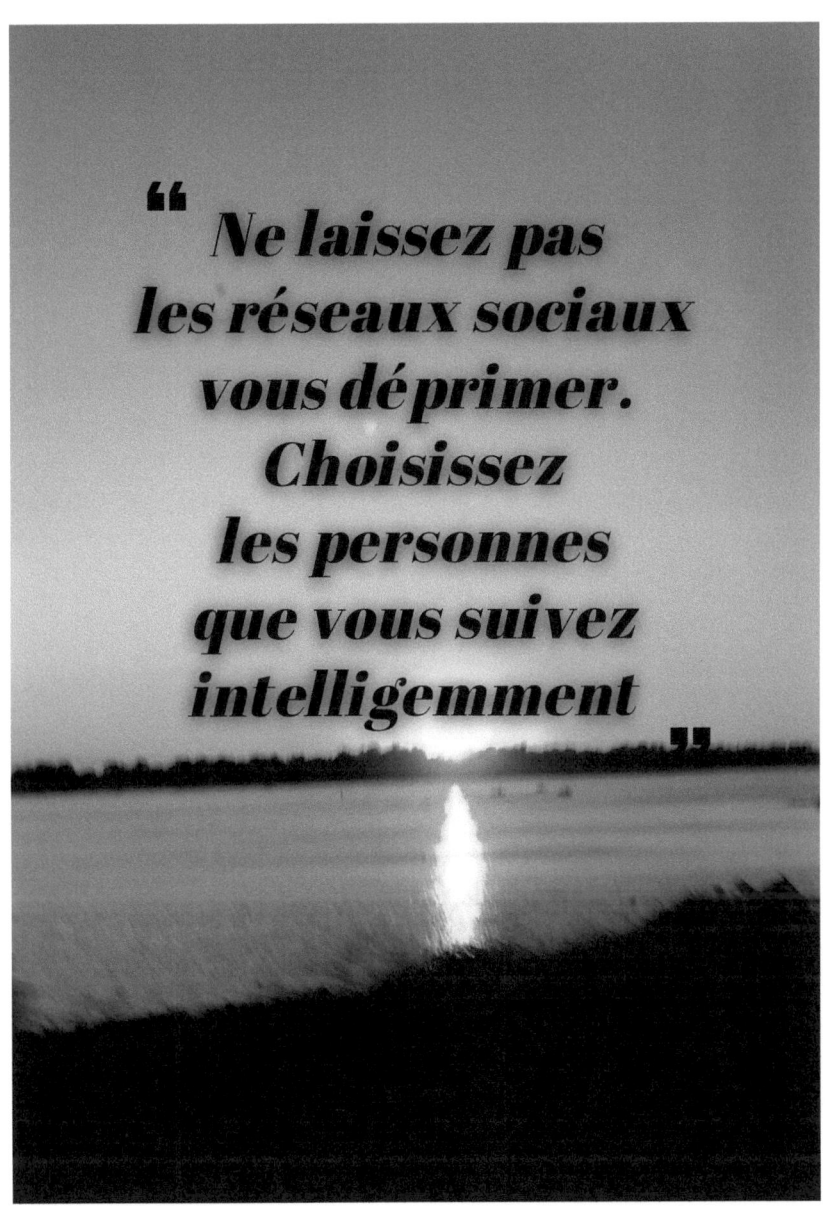

" *Ne laissez pas les réseaux sociaux vous déprimer. Choisissez les personnes que vous suivez intelligemment* "

CHAPITRE 8
VOTRE PASSÉ GUIDE VOS ACTIONS DU PRÉSENT

La confiance se construit à travers le passé de chacun. Toutes les rencontres et les évènements que vous avez vécus ont marqué votre esprit à jamais. Les adultes tels que votre famille, vos professeurs, votre patron, mais aussi les plus jeunes comme vos frères ou sœurs, vos amis influent tous sur votre capacité à vous faire confiance.

Enfant lorsque vous étiez bébé, l'amour que vous ont porté vos proches a été nécessaire pour vous fonder intérieurement. Avant d'avoir confiance en vous, vous avez dû vous sentir aimé. C'est le début de l'apprentissage de la vie. Vous passez par l'installation de la confiance en vous, en la vie et en l'avenir.

Puis la confiance se construit seule. Vous avez besoin de grandir en vous différenciant de vos parents. Vous créez votre propre personnalité en vous opposant à vos proches. Lors de cette période, vous voulez simplement plus vous exprimer et exposer vos désirs. C'est à l'âge de deux, trois ans.

Ensuite seul(e), vous construirez votre confiance en vos compétences. C'est pourquoi l'enfant entre en maternelle. Cette année lui permettra de prendre des responsabilités. Si l'enfant a le droit de découvrir ce qui l'entoure et si ses parents lui donnent de l'espace, l'enfant s'épanouira et évoluera dans ce sens. Au contraire, si vous lui donnez des limites et vous ne le sentez pas capable de faire ceci ou cela, il sera amené à douter de ses capacités et cela le marquera.

Lorsque vous étiez enfant, vous avez eu besoin qu'on croie en vous avant de croire en vous-même. Cette faveur dont certains ont pu faire l'objet leur a permis d'aimer la nouveauté, les challenges et les échecs. Comprenez que si votre confiance est loin de s'améliorer c'est l'influence de votre passé aussi qui vous a déstabilisée.

De plus, vous avez connu une période qui avait pour objectif de déterminer comment vous vous comporteriez en société. Celle-ci montrera si à l'avenir vous irez vers les autres ou non. Pour évaluer si vous deviendrez capable d'aller vers les autres, en fait vous avez suivi le modèle des personnes qui vous entourent. Par exemple, si vos parents sont timides et qu'ils se méfient des personnes qu'ils invitent vous n'aurez pas une belle vision pour adopter une aisance parmi les autres individus de la société. Vous risquez donc d'intégrer un comportement semblable.

Pour conclure sur l'influence qu'a le passé sur vous, je voudrais vous détailler les blocages qui sont peut-être en vous. Puisque le manque de confiance en soi ou la perte de confiance en soi n'est pas d'aujourd'hui. Grâce à l'identification de certains blocages que vous rencontrerez dans votre vie, vous saurez maintenant ce qui a pu les causer.

Un blocage récurrent serait de se soucier de ses échecs. C'est vrai qu'il est essentiel de s'en soucier pour avancer. En revanche, si cet échec cause un jugement de qui vous êtes basé sur ce que vous n'avez pas réussi, ce jugement nocif vous fera vous lamenter sans cesse sur votre valeur. Prenons un exemple, si à chaque échec vous vous sous-estimez « je suis nul (le) », « je suis moche », « je ne suis pas intelligent(e) »… vous garderez en tête une mauvaise expérience et vous n'irez pas chercher la cause de l'échec, ce pour quoi vous n'avez pas réussi.

Un second blocage est la peur de sortir de sa zone de confort. Cette peur témoigne d'un manque de confiance. Sortir de sa zone de confort c'est accepter la nouveauté, accepter de découvrir de nouvelles expériences enrichissantes. La zone de confort vous sépare de nombreuses opportunités d'en apprendre plus sur le monde. Dans ce cas si vous souhaitez augmenter votre confiance en vous, le moyen le plus efficace serait d'entreprendre de nouvelles choses.

La confiance en soi se construit par des actions quotidiennes. Il est conseillé de multiplier et diversifier les expériences dans tous les domaines. Cela enrichit vos connaissances et vous permet d'être libres. La confiance vous permettra d'obtenir votre propre personnalité et d'effectuer des choix différents de la conscience collective. Pour améliorer votre confiance en vous simplement, n'oubliez pas que vos expériences passées ont de l'influence sur vos actions futures. Il est important de travailler votre confiance en vous pour devenir meilleur et apprendre de vos erreurs passées. Alors, vivez le moment présent et détachez-vous des évènements passés.

" Le passé aura un impact sur le futur "

TROISIÈME PARTIE
RIEN N'EST UN HASARD
TOUT REPOSE SUR VOS CAPACITÉS
À VOUS CONNAITRE

Comment maîtriser vos décisions ?

CHAPITRE 9
LES SIX ÉMOTIONS FONDAMENTALES

Je dédie cette partie de l'ouvrage aux émotions. On n'y pense pas souvent, mais ce sont les maîtres de notre vie. Tout passe par elles. Il existe six émotions principales :

- o La joie
- o La colère
- o La peur
- o La tristesse
- o La surprise
- o Le dégoût

À n'importe quel évènement de votre vie, est associé une de ces six émotions voire parfois plusieurs. De façon à mieux les identifier, il est nécessaire de se connaître. Comme ça, vous saurez ce que vous allez ressentir si vous repensez à un souvenir ainsi comment vous réagirez face à une telle situation.

Les émotions font partie de notre vie et jouent sur les actions que nous choisissons d'entreprendre. Nous allons étudier chacune des émotions pour avancer et nous en servir pour nous libérer.

Premièrement la joie, être heureux (se) parce que l'on a réussi quelque chose, être gaie, être satisfait et épanouit, la joie vous met de bonne humeur.

Ensuite, la colère, c'est lorsqu'on rejette quelque chose. Vous sentez que la situation est injuste et vous êtes frustré à cause d'un obstacle sur votre chemin.

Puis la peur, c'est lorsqu'on a des craintes avant ou pendant qu'un évènement se passe. J'insiste sur cette émotion qui me tient à cœur. La peur vous amène à fuir ou faire face à la situation. Elle est propre à chacun et vous permet de renoncer ou de vous surpasser. La peur et la confiance en soi sont donc liées. Si votre confiance en vous augmente alors, votre peur diminuera. La peur est une émotion normale. Tout le monde a déjà eu peur. Même si certains ne le reconnaissent pas forcément. Je trouve cette émotion intéressante puisqu'en faisant face à vos peurs vous renforcez la confiance que vous avez en vous. C'est magique, mais il faut avoir le courage nécessaire pour faire face à ses peurs et obtenir de nouvelles capacités. Grâce à elle, vous augmenterez votre confiance en vous, votre estime de vous et même votre affirmation.

"Demain est un nouveau jour"

Après la peur vient l'étude de la tristesse. La tristesse est une émotion qui remplace la joie. En éprouvant cette émotion, vous êtes incapable de montrer de la gaieté. Souvent, la tristesse vous emmène dans un état dépressif, un chagrin, un ennui.

Ensuite, étudions la surprise, en effet c'est bel et bien une émotion. Ce qui est particulier chez cette émotion c'est qu'elle n'est ni positive ni négative. La surprise dépend de nous et d'une situation à laquelle on ne s'attend pas. Ce dont nous pouvons également apprendre de cette émotion, c'est qu'elle est étroitement liée aux autres : après la surprise, votre réaction fera inévitablement appel à une autre émotion.

Enfin, le dégoût, est aussi une sensation que l'on éprouve, une sorte d'écœurement envers quelque chose. Vous rejetez quelque chose ou quelqu'un et vous refusez de lui accorder de l'intérêt. Souvent, le dégoût est associé à une chose que vous n'aimez pas dans le domaine de l'alimentation lorsque vous êtes confronté à une chose dont le goût ne vous plaît pas.

Ces 6 émotions sont très intéressantes et quand on les étudie on voit qu'elles jouent un rôle très important dans notre vie. Elles ont un rôle décisif et elles rythment nos journées. Vous êtes tous dotés de cette intelligence émotionnelle. C'est pourquoi vous devez vous fier à vos émotions, mais aussi apprendre à choisir celles que vous voulez ressentir principalement.

Les émotions sont liées à des sentiments que chacun arrive plus ou moins à maîtriser. D'ailleurs, apprendre à contrôler ses sentiments pour bien s'en servir en fonction de ses besoins personnels est une véritable compétence. Servez-vous de cette intelligence émotionnelle pour être capable de réguler vos réactions. Quand vous éprouvez de la colère, apprenez à retrouver le chemin de la joie. Votre situation deviendra alors agréable ou désagréable à vous de choisir.

Les émotions sont des phénomènes psychologiques que vous pouvez modifier. Si vous gérez vos émotions, cette capacité vous aidera dans votre vie pour passer à autre chose rapidement et vous remettre en question. Ce contrôle vous permet de vous relever plus facilement, plus rapidement, et vous aide à avancer de nouveau. Ces sensations que produisent les émotions vous apporteront de la confiance et de l'estime envers vous. Les émotions sont vos alliées.

" Faible est celui qui laisse ses pensées contrôler ses actes.

Fort est celui qui contraint ses actes à contrôler ses pensées. "

CHAPITRE 10
LA LOI DE L'ATTRACTION

La confiance en soi vous dote d'un pouvoir, le pouvoir de l'attraction. Vous devez penser que je parle de l'attraction physique entre deux personnes, mais ce n'est pas le cas. Je fais allusion à l'attraction mentale, celle qui est une force.

La Loi d'attraction est un concept qui a émergé par des scientifiques qui ont étudié nos émotions. Pour se servir de cette loi, il est indispensable de toujours rester fidèle à vous-même. C'est une croyance. Ceux qui en croient l'existence pensent qu'en se concentrant sur des pensées positives ou négatives les gens peuvent subir des expériences positives ou négatives dans leur vie. C'est une idée qui est basée sur le fait que l'être humain et le monde qui l'entoure sont de l'énergie en interaction. Par l'énergie émise, une chose ou une personne en attire une autre semblable. De ce fait, une personne peut améliorer son état de santé, sa richesse, ses relations, sa vie grâce à l'énergie qu'elle utilise. Pour mieux comprendre, nous allons étudier les deux principes de la loi de l'attraction.

Premièrement, le principe de réciprocité. Comme son nom l'indique, la réciprocité montre qu'il existe une attraction entre deux êtres qui se ressemblent. D'où le proverbe « qui se ressemble s'assemble ». Que ce soit en amitié ou en amour la réciprocité fonctionne grâce aux personnalités qui se coordonnent l'une avec l'autre. En clair, vous êtes plus attiré par les personnes qui partageraient les mêmes centres d'intérêt et valeurs que vous.

Le second principe de cette loi est tout aussi intéressant. Il est lié à une incertitude. D'après lui, les évènements extérieurs qui vous arrivent sont les résultats de votre attitude interne. Cette incertitude dépend de votre mental, de ce à quoi vous pensez et de vos émotions. C'est un pouvoir qui vous vient tout droit de votre subconscient. En soi, le bien-être dépend de l'intérieur plus que de l'extérieur. Pour illustrer ce deuxième principe, je vous renvoie à cette citation : « vous devenez littéralement ce à quoi vous pensez le plus. Votre vie devient ce que vous avez imaginé et cru ».

La Loi d'attraction démontre que ce que vous pensez être vrai n'est qu'une illusion. Vous êtes constitués d'énergie et celle-ci vous permet de contrôler tout grâce à votre esprit, vos pensées et votre corps. Lorsqu'on n'a jamais entendu parler de la Loi d'attraction, il est vrai que c'est difficile de comprendre cela. Pour vous aider, je vous conseille fortement de regarder le film The secret. Ce film vous permettra de vous rendre compte de beaucoup de choses à propos de l'influence de vos pensées et de vos émotions dans votre vie.

" La qualité
de ta vie
dépend
de la qualité
de tes
pensées "

CHAPITRE 11
LA VISUALISATION VOUS PERMET DE RÉALISER TOUS VOS DÉSIRS

Pour approfondir l'étude de la loi d'attraction et continuer à voir le rapport qu'elle a avec la confiance en soi, nous allons parler de la méthode de visualisation. Ce principe est une méthode qui a pour but de vous aider à contrôler ce qui vous entoure.

Voici la méthode que je vous invite à tester juste après sa lecture. Fermez les yeux et visualisez-vous déjà en possession de ce que vous désirez. Ce que vous désirez peut-être de nature matérielle ou non. Maintenant, ayez le sentiment de l'avoir maintenant. Concentrez-vous et pensez que vous êtes dans le moment présent. Cela enverra un message à l'univers et aux énergies semblables près de vous. Par conséquent vous attirerez ce que vous voudrez que ce soit une nouvelle voiture, l'amour, la guérison, la réussite… Il suffit d'y croire totalement et d'avoir confiance en la loi de l'attraction. Simplement si vous voulez vraiment que cela marche, vous devez y penser régulièrement de façon à amplifier l'énergie que vous distribuerez.

Pour augmenter ce principe de visualisation, écrivez les choses que vous désirez sur une feuille comme si vous les possédez déjà par exemple « J'ai un magnifique Range Rover » et croyez-y le plus possible. La loi d'attraction jouera son rôle, il faut simplement se focaliser sur ce que vous voulez plutôt que se focaliser sur ce que vous ne voulez pas.

En effet, la loi d'attraction fonctionne et cela a été prouvé par des milliers d'études. Donc si vous vous focalisez sur quelque chose dont vous ne voulez pas dans votre vie, vous l'attirerez et d'un autre côté si vous vous focalisez sur quelque chose que vous désirez cela fonctionnera également et vous l'attirerez.

Quand on y pense, c'est vrai que c'est un pouvoir puissant, servez-vous-en. Pour l'utiliser en en tirant tous les bénéfices arrêtez de penser à ce que vous ne voulez pas ou plus et commencez à penser à ce que vous voulez réellement au plus profond de vous.

Pour finir avec la loi d'attraction, retenez que tout ce qui s'est passé, tout ce qui se passe et tout ce qui se passera dans votre vie est attiré par vous. Vous êtes maître de votre esprit alors choisissez de vous servir de votre intelligence émotionnelle, vos pensées, vos connaissances et compétences pour créer votre destinée.

Si vous doutez encore à propos de la loi de l'attraction j'aimerais vous faire prendre conscience de quelques faits. Il vous est déjà arrivé de penser très fort que vous alliez être en retard, que vous alliez louper un examen, que vous alliez échouer… et que ça arrive ? Eh bien cette malchance à laquelle vous pensez n'en est pas une. En fait, vous avez tellement pensé aux problèmes que vous alliez peut-être croiser et par conséquent ils vous sont arrivés. Dans le cas contraire, lors d'un évènement où vous pensez avoir eu de la chance, encore une fois ce n'était pas un hasard. C'était simplement le fait que vous avez pensé à une situation que vous aimeriez. Et tellement vous y avez pensé, vous l'avez vécue.

Ceux qui pensent que c'est impossible, sont priés de ne pas déranger ceux qui essaient

CHAPITRE 12
LA CONFIANCE EST LIÉE A TOUT
CE QUI SE PASSE AU COURS DE VOTRE VIE

Alors vous avez bien remarqué que les émotions et la loi de l'attraction sont liées à la confiance en général et à la confiance en soi. Nous allons faire le lien avec notre quotidien pour comprendre pourquoi la confiance est si importante dans nos vies.

Sans la confiance, nos émotions sont incontrôlables. Par conséquent, l'estime de soi diminue face aux émotions. Les sentiments qui viennent à vous ont un impact sur votre niveau d'estime de soi et de confiance en vous. Comprenez grâce à la loi de l'attraction que les sentiments que vous éprouvez vous conduisent vers de nouveaux sentiments semblables. Si vous êtes joyeux, l'émotion produite attirera du positif dans votre vie. En revanche, si vous éprouvez de la tristesse, ce seront des évènements tristes qui apparaîtront. Pour contrôler les conséquences des émotions et la loi de l'attraction, vous devez vous remettre en cause. La confiance vous y aidera, croyez en vous et en la loi de l'attraction.

Simplement lorsque vous vous sentez mal, transformez ce mal en quelque chose de bien. C'est-à-dire que vous devez toujours chercher le bon côté des choses. Plus vous vous efforcerez de maîtriser vos émotions et plus vous serez confiant, car vous saurez comment vous réagirez.

Une idée que j'ajouterais également pour vous aider est le fait que chaque émotion est liée à une expression faciale. Pensez que quand une personne est triste elle regarde vers le bas, par exemple. Lorsqu'une personne est en colère, elle fronce les sourcils... L'expression faciale traduit vos émotions. À présent, en comprenant cela, vous n'avez plus qu'à modifier cette expression faciale pour transformer vos émotions.

Avez-vous saisi ? Pour illustrer cette idée, par exemple une personne est en colère puisqu'elle a été virée, mais une fois rentrée chez elle, elle relativise et se rend compte que cela va lui permettre de passer plus de temps avec sa femme en attendant de retrouver un autre travail. La personne énoncée est passée de la colère à la joie et en parallèle du positif au négatif. Adopter une vision différente sur les faits vous conduira dans un état plus paisible et vous passerez plus vite à autre chose.

Souvent, on vous dit que le temps arrange tout, mais je pense plutôt que ce proverbe est une excuse que l'on se trouve. Au lieu de chercher la solution, cela vous permet de rester dans votre zone de confort et finalement rien ne s'arrange jusqu'à ce que votre esprit ait oublié l'évènement dérangeant de votre vie.

Pour finir ce chapitre, j'insiste. La confiance rythme votre vie. Elle est maître de votre destin. Sauf que si vous réfléchissez un peu plus, vous comprenez que vous êtes maître de votre confiance. Vous seul êtes responsable du choix de vous l'accorder, de l'accorder aux autres, de l'accorder à une croyance... La confiance a donc un rapport avec tout ce qui se passe dans votre vie, c'est elle qui crée et entretient toutes les relations que vous avez.

" Je deviendrais maître de moi-même. Je serais maître de ma destinée. "

QUATRIÈME PARTIE
LE CHANGEMENT DANS
TOUS SES ASPECTS

Comment développer
et améliorer votre confiance ?

Comment évoluer ?

CHAPITRE 13
CHANGER ET SE CONFIER POUR AMPLIFIER
VOTRE CONFIANCE EN VOUS

Précédemment, nous avons vu le problème posé par la confiance, puis sa solution, maintenant nous allons approfondir certains points. Dans ce chapitre, vous prendrez connaissance d'astuces pour développer votre confiance en vous.

La plupart des gens se questionnent à propos de cela : est-il nécessaire de changer ? En réalité, s'accepter est une bonne chose et si vous parvenez à vous assumer vous avez déjà franchi un grand pas. Dans ce cas, vous remarquerez que votre confiance en vous s'améliore, vous êtes sur le bon chemin. Pour ceux qui prennent plus de temps à s'accepter aucun problème, prenez le temps de vous concentrer sur vous-même.

Approfondir sa confiance en soi est difficile, cela prend du temps. Ce temps est indispensable pour mieux apprendre à vous connaître et découvrir de quoi vous êtes capable. Ce processus est long et reste réalisable à tout âge. Plus vous arriverez à être fidèle avec vous et plus vous deviendrez confiant.

Une fois que vous aurez acquis la confiance en vous qui vous manquait, choisissez de rester là ou choisissez de continuer d'avancer. Personnellement pour aller mieux qu'avant il m'a été nécessaire de changer. Changer m'a permis d'augmenter de plus belle ma confiance en moi.

J'utilise le terme « changer », mais vous devez surtout comprendre comment changer. De quelle manière changer ? Alors oui, vous pouvez choisir de changer. Dans ce cas, vous deviendrez la meilleure version de vous-même. Avant de parler des résultats, parlons de la réponse à ce questionnement. Suivez ce nouveau chemin qui s'offre à vous.

Premièrement, acceptez ce qui est chez vous et ce qui restera. Acceptez ce que vous ne pourrez pas changer. Acceptez vos défauts qui resteront, mais que vous verrez différemment. Puis pour changer, vous améliorerez chaque partie de vous, tout ce qui pourrait être changé. Améliorez votre être que ce soit dans vos capacités mentales ou physiques. Restez fidèles à vous-même et à vos sentiments.

Pour améliorer votre être, vous devez y aller progressivement. Pas la peine de se précipiter et de vouloir faire tout au plus vite. Si vous allez trop rapidement, les résultats que vous obtiendrez repartiront aussi vite qu'ils sont apparus. Par conséquent, vous serez dans un cercle vicieux. Vous voudrez changer, vous changerez et vous retrouverez vos anciennes habitudes. Prenez votre temps et modifiez un seul aspect de votre personnalité à la fois. Vous changerez soit votre personnalité, soit votre comportement, votre apparence, soit votre état d'esprit, soit vos défauts… Gardez à l'esprit que vous changerez quelque chose chez vous, mais cela ne veut pas dire que vous remplacerez ce que vous étiez.

En tout cas, faites-le pour vous plaire à vous et non aux autres. Je vous en supplie, ce serait une grave erreur. Changer doit être un objectif personnel, essayer de rester en accord avec vous sans rentrer en concurrence avec les personnes qui vous entourent et vous influencent.

En effet, je pense que l'une des étapes les plus difficiles que j'ai dû surmonter fut le changement de ma relation aux autres. Encore aujourd'hui j'essaie de m'améliorer. Partager ses sentiments et ses émotions a toujours été dur pour moi. S'exprimer envers mes proches et surtout ma famille, reste encore aujourd'hui problématique. Pendant longtemps, je me suis renfermée sur moi-même en pensant que c'était la meilleure chose à faire. Finalement en grandissant j'ai pris conscience que me renfermer et tout garder pour moi allait me détruire intérieurement. J'ai mis du temps à réaliser que me renfermer ne servait à rien puisque j'étais entourée de personnes de confiance.

Donc j'en viens à un conseil pour vous, pour ceux ou celles qui n'ont pas assez de courage pour s'exprimer. Soyez sincère envers une autre personne, vous apprendrez mieux à la connaître et vous vous en rapprocherez. Raconter ce qui va bien ou mal dans sa vie est un atout pour vous. Utilisez votre courage et partagez les expériences que vous traversez, cela vous rendra plus fort(e). De plus, mettre des mots sur des émotions est compliqué lorsque vous n'avez pas cette habitude ou que personne n'est à votre écoute. Alors, faites le premier pas vers une personne de confiance et commencez simplement à lui raconter ce qui se passe de bien dans votre vie. Vous verrez au fur et à mesure que vous aurez appris à vous confier, et ensuite vous pourrez compter sur cette personne digne de confiance pour vous aider.

D'un côté, je vous ai beaucoup incité à vous confier, cela vaut pour toutes les personnes qui ont du mal à le faire. Je pense que ça pourrait les aider à augmenter leur confiance en elle et ce sera plus facile de se remettre en question grâce à une vision extérieure de la situation pour après s'améliorer. Appuyez-vous sur des personnes de confiance, choisissez-les bien et vous vous rapprocherez d'elles. Votre relation aux autres s'améliorera et vous pourrez changer plus facilement.

Enfin, ce passage vous aura permis de faire le point. Vous savez maintenant comment changer si vous le souhaitez et pourquoi vous confier peut toujours vous aider.

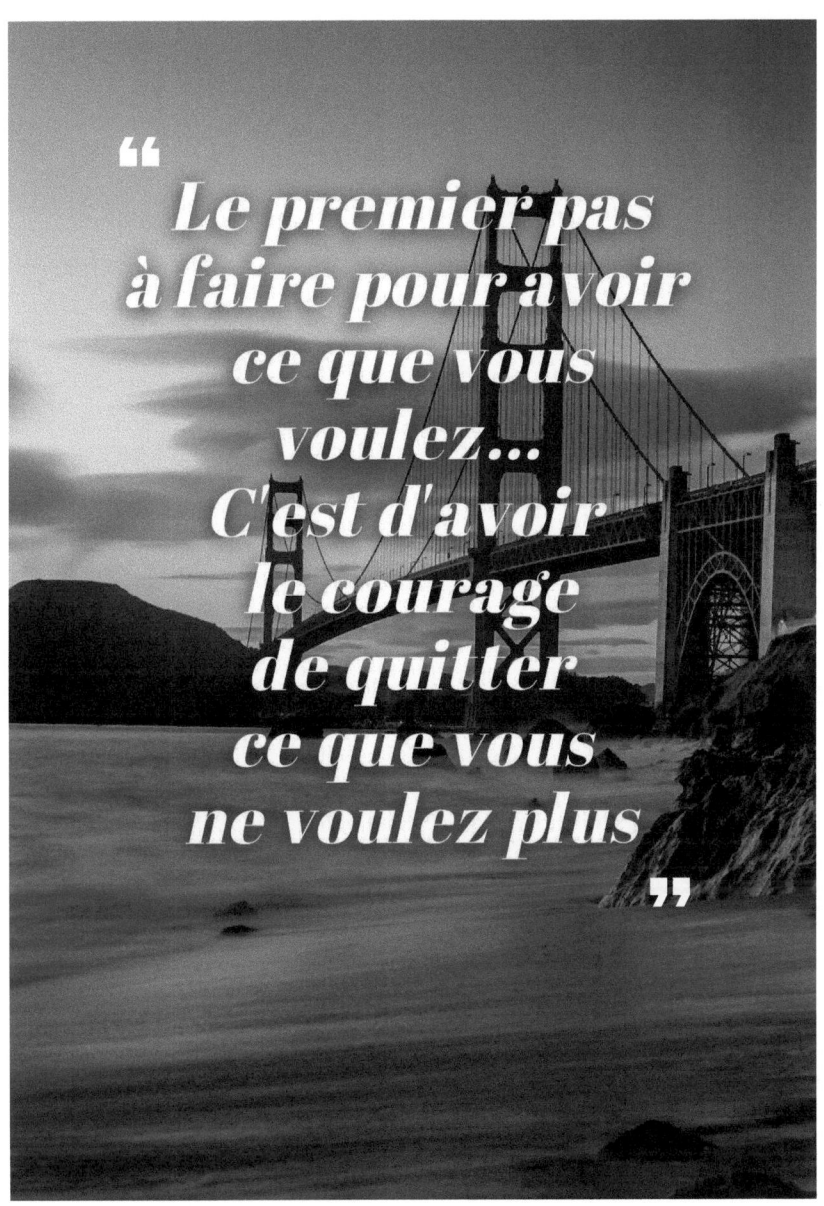

"Le premier pas
à faire pour avoir
ce que vous
voulez...
C'est d'avoir
le courage
de quitter
ce que vous
ne voulez plus"

73

CHAPITRE 14
LE JUGEMENT DE SOI

Le changement est une étape cruciale pour celles et ceux qui une fois confiants veulent toujours avancer. C'est une bonne idée de vouloir se surpasser et de sortir de sa zone de confort, sa zone de satisfaction.

Dans ce nouveau chapitre, je fais allusion au jugement de soi. C'est une manière d'agir qui a de très belles qualités qui vous permettront d'avancer. Vous réaliserez par votre jugement ce qui va et ce qui ne va pas chez vous. Vous devez arriver à faire la part des choses entre ce qui vous arrive de positif et négatif dans votre vie et dans votre attitude.

Le jugement de soi est négatif si vous voyez qu'en grande partie ce qui ne va pas. Il sera néfaste envers votre développement personnel. Vous avez tous cette petite voix intérieure qui parfois vous rabaisse. Cette voix venant de votre propre esprit vous fait vous juger au quotidien. Plus vous serez aptes à l'écouter sans le vouloir plus vous deviendrez de plus en plus exigeants avec vous-mêmes.

Votre esprit est en revanche très intelligent, mais vous pouvez le tromper. Se juger est parfois une bonne chose. Se juger vous permet d'évaluer ce dont vous êtes capable d'accomplir. Également, se juger évalue ce que vous valez.

D'un autre côté, faites la différence entre vous juger et vous critiquer. La critique est plus péjorative et ne laisse paraître que vos complexes. Faites face à la critique de vous-même avant de faire face à la critique et aux regards des autres. La solution est de vous concentrer sur vous-même. Cessez de vous comparer et de vous trouver de nouveaux défauts. Face au miroir, acceptez ce à quoi vous ressemblez. C'est vous un point c'est tout. Pas la peine de voir que vous n'êtes pas parfait(e) puisque personne n'est parfait. Vous avez juste l'impression via l'image que renvoie les autres qu'eux sont parfaits et pas vous. C'est juste une impression que vous avez, l'impression qu'ils sont meilleurs, supérieurs…

Alors, face au miroir, dites ce que vous aimez chez vous. Si vous ne savez pas répondre à cette question, continuez encore et encore à vous la poser et vous trouverez j'en suis certaine. Faites un petit effort et retenez toutes les belles choses dont vous êtes fait(e). Celles et ceux qui ont déjà confiance en eux normalement répondront rapidement à cette question puisqu'ils en sont capables, ils se connaissent bien. Si vous faites partie de ces personnes, cela veut dire que vous vous assumez.

Ceux qui ont besoin d'acquérir plus de confiance en eux. Pour vous aider, écrivez vos atouts que ce soit mentaux ou physiques et affichez-les au mur, lisez-les à chaque fois que vous passerez devant. Progressivement, la liste s'allongera et vous n'aurez plus besoin de ces mots pour vous rappeler qui vous êtes. Vous aurez appris comment rester vous-même et qui vous êtes en réalité. Cette méthode n'est pas révolutionnaire, mais elle aide. Ainsi, vous vous prouvez que vous êtes heureux d'être vous.

Enfin, voilà, comment fonctionne le jugement de soi. Du moment que celui-ci reste un jugement et ne devient pas une critique de votre part, il vous sera bénéfique. Pour avoir confiance en vous, vous devez être capable de vous juger pour savoir ce que vous voulez améliorer ou changer chez vous. Ce jugement vous permet aussi de voir principalement vos qualités et a pour but de renforcer vos compétences. Le jugement de soi est une aide, vous vous connaîtrez mieux en vous jugeant raisonnablement.

" *Personne ne te connaît mieux que toi-même. Apprends à faire confiance à ton propre jugement* "

CHAPITRE 15
CHANGER DE MENTALITÉ

Pour améliorer l'être que vous êtes, changer de mentalité aide. Tout le monde peut réussir à modifier son état d'esprit en mieux. Comme vous pouvez également changer en mieux dans votre vie. Cela est une rude épreuve quand vous n'êtes pas habitué à changer. Transformer un aspect de votre vie c'est une vraie bataille. À vous de savoir si vous voulez réussir ou non. Réussissez et vous accomplirez de grandes choses. Vous devez vous développer et faire face à un changement profond.

La mentalité, qu'est-ce que c'est ? La mentalité comprend l'ensemble des croyances et l'ensemble des habitudes d'un groupe de personnes. Ce premier sens sera étudié à la fin de ce passage.

Concentrons-nous sur votre propre mentalité qui est un état d'esprit. Passez à l'action et utilisez la force de la motivation pour modifier votre mentalité. C'est important de travailler sur votre propre état d'esprit aujourd'hui, comme nous l'avons vu précédemment, la société dans laquelle nous vivons nous influence de partout. Facilement avant de nous écouter, nous écoutons les autres. Et en écoutant ce que disent les autres, nous les laissons diriger notre vie. Le jugement de soi devient négatif et passe par la critique, ce qui nous décourage.

Alors prenez, à partir de maintenant, votre vie en main. Ici, nous nous concentrons sur votre vie, votre confiance en vous. Il ne s'agit pas de se concentrer sur la vie des autres. Restez ouvert aux autres.

La mentalité que je préfère est la mentalité de gagnant(e). Celle-ci vous tirera toujours vers le haut si vous vous en donnez les moyens. Cette mentalité est rendue accessible à tous comme n'importe quelle autre mentalité. Il vous suffit de choisir comment vous souhaitez évoluer.

Pour obtenir une nouvelle mentalité et changer la précédente, par exemple passer d'une mentalité de perdant à celle de gagnant, inspirez-vous de personnalités qui ont cette mentalité. Croyez en vous et faites-vous confiance. Cela sera dur, mais au final vous réussirez. Changer votre état d'esprit vous amènera à une vie plus libre et assurée par une confiance en vous, digne de vous. En effet, après être devenu la meilleure version de vous-même, vous aurez définitivement de nouvelles capacités auxquelles vous n'aurez jamais pensé.

La mentalité est quelque chose que l'on peut changer seulement chez soi. Soyez conscient que vous ne pourrez pas changer les mentalités des autres, si ce n'est en changeant vous-même. Cette solution est réaliste, changez votre état d'esprit en premier et vous percevrez les autres d'une autre manière. Ce fait de ne pas pouvoir changer les autres, mais uniquement soi m'inspire énormément.

À présent, je vais vous apporter mon aide pour éviter de vouloir changer les mentalités des autres, surtout celles de vos proches. Dans certains cas, vous êtes en désaccord avec quelqu'un qui ne vous respecte pas comme vous souhaiteriez. Alors, pour faire face à cette situation, vous essayez de le dissuader et par la même occasion cela vous amène à penser que c'est vous qui avez raison. Apprenez à accepter que tout le monde à parfois tort, même vous.

Pour rester en paix avec autrui et rester libre de vous exprimer, faites le choix d'être à l'écoute. Il est indispensable d'être doté de cette qualité, elle vous permet de vous adapter et d'améliorer votre relation aux autres. Et sachez que la capacité à s'adapter à de nouvelles situations et personnes est une compétence essentielle. Dans chaque milieu que ce soit professionnel ou personnel, dans notre monde qui est en constante évolution, les personnes qui ont cette capacité l'utilisent pour évoluer. C'est une aptitude qui vous offre la possibilité de vous démarquer des autres. Cette facilité montre que vous êtes capable de vous remettre en question rapidement. J'insiste sur cette aptitude qu'il est nécessaire d'acquérir dans votre vie. Elle consolidera votre confiance en vous. En outre, les nouvelles situations qui apparaîtront face à vous seront réalisables dans la mesure où vous croirez intuitivement en vos capacités.

Le changement de mentalité améliorera votre confiance en vous. Lorsque vous croirez en cette mentalité, vous croirez en vous et en vos capacités.

"Les gagnants trouven des moyens. Les perdants trouvent des excuses"

CHAPITRE 16
L'APPARENCE PHYSIQUE

Cette partie du livre est la partie qui me ressemble le plus. Je vais vous parler de l'apparence physique toujours en rapport avec la confiance en soi.

Pourquoi j'aime ce sujet ? Mon expérience en termes d'acquisition de confiance en soi vient de là. Je suis devenue la meilleure version de moi-même et cela ne regarde que moi. Si j'ai choisi de changer mon physique, cette décision est restée en accord avec moi-même, alors la confiance en moi n'a pu que se renforcer.

Ce sujet est très délicat, nombreuses sont les personnes qui ont un problème avec leur apparence physique. Vous en connaissez beaucoup des personnes qui n'ont aucun problème avec leur corps ? Ces personnes-là sont des personnes qui s'acceptent totalement, il m'arrive d'en faire partie. Sans me vanter, je pense que vous en ferez partie si seulement vous le voulez aussi. Encore et toujours, cela sera possible grâce à la motivation et un petit peu de discipline.

Pour améliorer votre apparence physique si c'est votre souhait, nous allons étudier certaines techniques, certes non miraculeuses, mais celles-ci vous aideront à prendre les décisions qui vous correspondent le mieux.

Avant de vous détailler cela, j'aimerais vous apprendre ou vous rappeler quelque chose. Pour les personnes qui déjà ne s'acceptent pas et qui pensent que c'est par exemple en perdant dix kilos que vous vous accepterez. Ce sera peut-être le cas, mais souvent ça ne l'est pas. J'ai des amies qui perdent du poids et pensent toujours qu'elles sont horribles. Si vous êtes passé par là, vraiment je vous comprends.

Mon conseil serait de réfléchir avant de vouloir changer qui vous êtes. Le mieux sera de s'accepter avant de vouloir changer. S'accepter est la meilleure manière d'avoir confiance en vous. J'ai pu réaliser qu'avant d'avoir perdu du poids j'avais déjà un minimum de confiance en moi. Simplement, je ne le savais pas, je n'en avais pas conscience. J'aimais mon corps en effet, mais j'ai choisi de le modifier un peu plus à mon goût. Beaucoup de personnes trouvaient que j'étais déjà très bien comme ça. Je fus incomprise et on pensait que je faisais cela pour plaire aux autres. Sauf que non. Ces personnes ont ensuite compris et réalisé que j'avais fait cela pour moi. Finalement, elles se sentirent fières de moi. J'ai eu la chance d'être bien entourée même si certaines personnes de mon entourage n'ont toujours pas compris pourquoi j'avais choisi de perdre du poids. Mais maintenant du moment que mon corps me plaît, les autres personnes n'ont absolument rien à dire. Assez parlé, de moi, c'est vrai que j'aurais pu directement vous énoncer les techniques pour améliorer votre apparence physique, mais cela ne me ressemble pas. Je vous ai offert l'histoire de ce que j'ai expérimenté et mes sentiments. Mon expérience vous permettra d'éviter de faire des erreurs, changez seulement pour vous.

Ce que vous devez comprendre, je le répète pour que vous saisissiez : si vous souhaitez changer chez vous quoi que ce soit mentalement ou physiquement, faites-le pour vous-même !

Bon après, passons aux méthodes qui peuvent vous aider à améliorer votre apparence physique. Alors, en premier réfléchissez à ce que vous pouvez améliorer chez vous. Normalement, vous pouvez tout améliorer, mais concentrez-vous sur l'amélioration d'un aspect de votre être à la fois. Donnez-vous une et même plusieurs raisons d'entreprendre cette transformation. Ces raisons vous rappelleront de continuer coûte que coûte. Trouvez votre « pourquoi », ce pour quoi vous voulez changer.

Les améliorations que vous voulez apporter devront être réalisables. Par exemple, si vous faites le choix de vous mettre au sport, commencez par une à deux séances par semaine. Ne soyez pas trop dur avec vous-même, vous infliger du sport tous les jours alors que vous n'en faisiez pas va simplement vous décourager et vous retournerez à la case départ. Ça m'est arrivé, c'est pour cela que je vous préviens.

Prendre une décision de changer doit être la décision prise de manière douce. Souvent, beaucoup prennent des décisions intenables du jour au lendemain. Vous connaissez tous des personnes qui, lors du passage à l'année suivante, se créent une liste de résolutions infinies qu'ils ne relisent pas avant l'année d'après. C'est pourquoi les personnes qui n'ont pas l'habitude de prendre des décisions concernant leur vie personnelle doivent passer à l'action doucement. J'insiste sur le fait que vous devez être réaliste. Soyez réaliste par rapport aux objectifs que vous souhaitez atteindre, réaliste par rapport à ce que vous voulez entreprendre.

Le mieux sera de se créer des habitudes, on reviendra sur ce point dans les chapitres qui suivent. Pour s'améliorer, tout se joue dans la régularité. Le chemin est long, mais faites le choix de continuer même si vous avez fait une erreur. Tout le monde a le droit à l'erreur. Si vous avez fait un écart, ne culpabilisez pas, relevez-vous. Les erreurs que vous ferez seront constructives. Aidez-vous de ces erreurs, reconnaissez-les et apprenez de celles-ci pour ne pas les refaire. Donc pardonnez-vous cette erreur et continuez vos efforts. C'est-à-dire que les erreurs dont vous avez été victime ne sont pas des échecs. Un échec en est un seulement si vous lui accordez une certaine valeur. Chacun à sa définition de l'échec, certains après un échec se frustrent et abandonnent tandis que d'autres s'en servent de leçon pour apprendre de la vie. Le plus important est d'essayer et si déjà vous avez cette volonté d'essayer, croyez-le ou non, vous êtes sur le chemin qui vous mènera à la réussite. Visez long terme, même si vous devez faire des efforts chaque jour pour atteindre votre objectif, continuez, cela s'appelle la discipline. Progressivement, les efforts d'hier diminueront en intensité et ceux de demain seront encore plus durs à surmonter, mais si vous croyez en vous tout se passera bien.

Après ce passage, vous avez appris quelques idées de choses que vous pouvez réaliser pour vous accepter. Soyez votre plus grand concurrent, défiez-vous chaque jour pour être meilleur qu'hier.

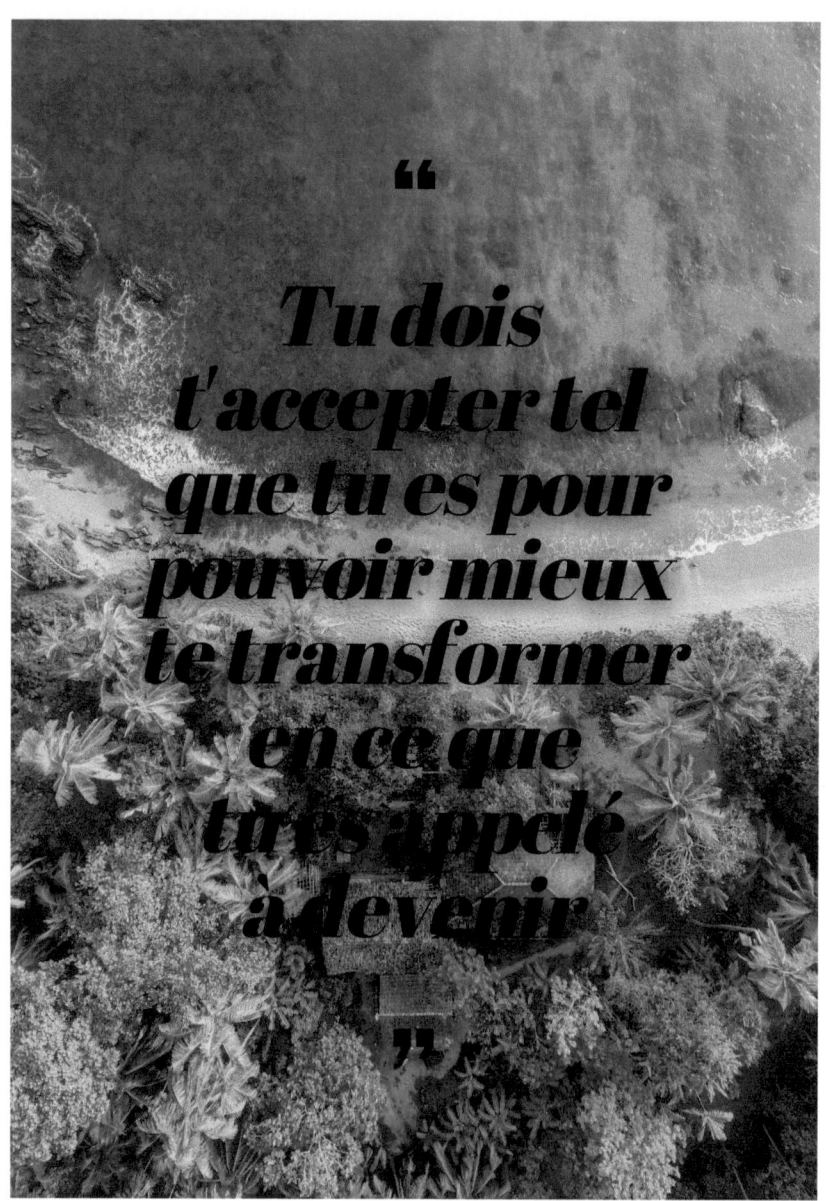

"

Tu dois t'accepter tel que tu es pour pouvoir mieux te transformer en ce que tu es appelé à devenir

"

CINQUIÈME PARTIE
LES NOUVELLES HABITUDES

Pourquoi est-il nécessaire d'évoluer ?

CHAPITRE 17
L'AFFIRMATION DE SOI

Maintenant que vous savez comment faire pour vous accepter, vous verrez que votre confiance et votre estime de vous se renforceront. Changer soi, sa mentalité, son comportement voire son apparence physique vous aidera.

Il y a plus qu'à faire face aux autres. Nous avons étudié le fait que vous ne pouvez pas les changer. Changer est une décision qui ne regarde que vous, c'est une décision personnelle. Alors, une fois que vous êtes plus confiant ou même dès maintenant, prenez de l'assurance et respectez vos valeurs. Plaire à tout le monde ira à l'encontre de vos principes. De façon à plaire et à vous sentir aimé de tout le monde, vous devrez montrer une image qui ne vous ressemblera pas. À court terme, vous vous sentirez plus heureux d'être bien entouré et aimé, mais à long terme vous vous serez trahis.

La clé est de s'assumer et de voir chez vous le meilleur de vous-même. Chaque jour, soyez heureux de ce cadeau que l'on vous fait. Ce cadeau de ne pas être obligé de changer pour les autres. Personne n'a rien à dire, vous pouvez montrer et dévoiler votre véritable personnalité. Simplement, vous pourrez voir quelles sont les personnes qui vous respectent et qui tiennent réellement à vous. Choisissez d'être en accord avec vous-même tout au long de votre vie. Affirmez-vous, exprimez-vous et partagez vos propres opinions. Portez les vêtements que vous souhaitez, cela ne regarde que vous. Vous avez le droit de dire ce que vous pensez, il suffit d'oser.

J'ajoute aussi que cela doit être fait dans le respect de l'autre, de manière polie. Eh oui, il faut garder un peu d'humilité après tout. L'affirmation de soi vous aidera à trouver un équilibre et vous créera une place dans la société. Grâce à elle, vous êtes capable d'agir dans votre propre intérêt et vous êtes capable de défendre vos valeurs.

Pour s'affirmer, mon conseil serait de lâcher prise. Lâchez prise face aux regards des autres qui vous jugent en permanence. Concentrez-vous et écoutez-vous, soyez fidèle envers vous-même et ne cherchez pas la perfection. Arrêtez de vous fier à ce que pourraient penser les autres de vous et suivez votre intuition en entreprenant des choses que vous pensez bonnes pour vous.

L'affirmation de soi se travaille. Une fois expérimentée régulièrement, le regard des autres ne vous fera plus peur. Vous oserez prendre la parole pour exposer votre avis vis-à-vis des autres et de la situation. Continuez chaque jour à vous émanciper et vous trouverez le bon équilibre. Vous laisserez apparaître une image de vous en accord avec ce que vous êtes et c'est la meilleure image que l'on peut donner de soi. Cette image sera réaliste et naturelle. Gardez à l'esprit votre personnalité, vos qualités et le fait que vous n'êtes pas une personne normale. Vous êtes différent et c'est mieux comme ça. Vous êtes unique.

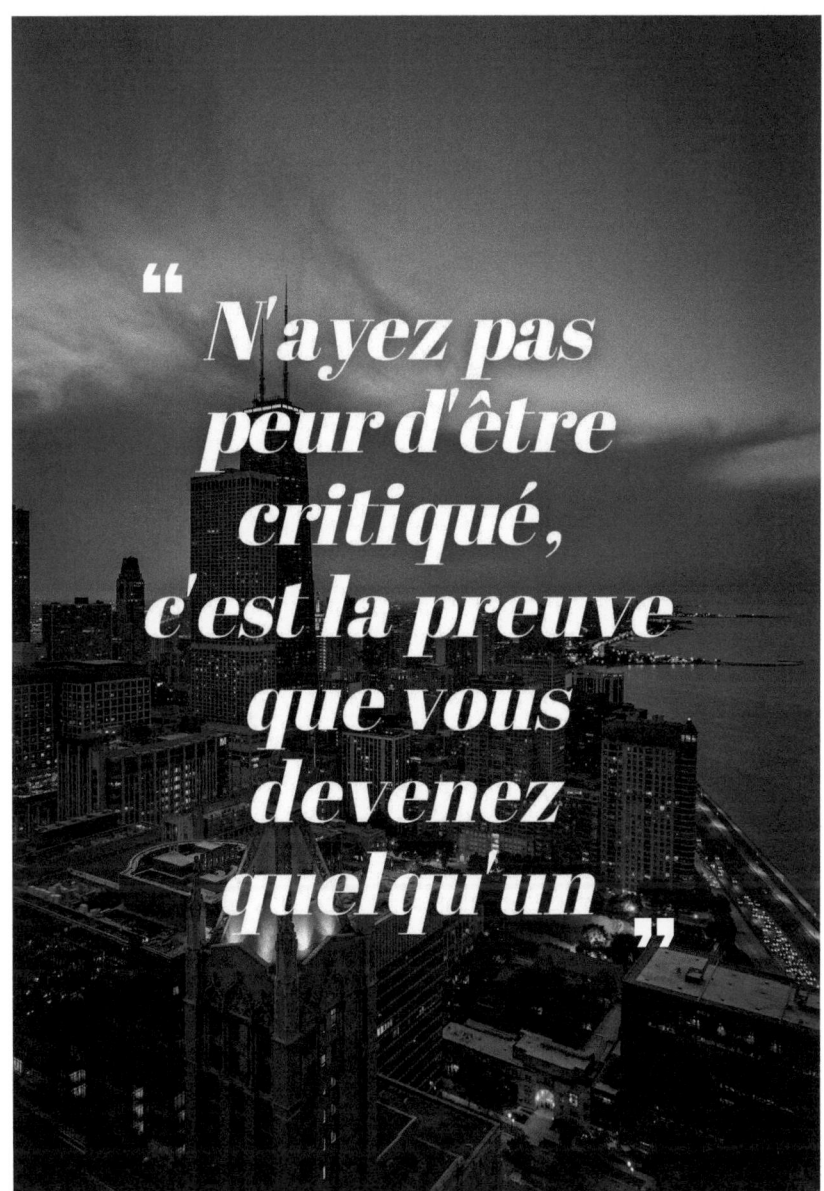

" **N'ayez pas peur d'être critiqué, c'est la preuve que vous devenez quelqu'un** "

CHAPITRE 18
LES HABITUDES REFLÈTENT QUI VOUS ÊTES

Tout au long de cet ouvrage, de nouvelles habitudes vous ont été données. Le principe d'une habitude que ce soit une habitude quotidienne, hebdomadaire ou mensuelle est de créer une régularité. Pour créer des habitudes, il vous faut une stratégie. Une habitude est un réel pouvoir, elle vous permet d'agir de manière automatique. C'est un comportement qui se répète. Alors il est essentiel de prendre de bonnes habitudes.

Pour prendre une bonne habitude, comme une mauvaise, il suffit de la répéter pour qu'elle s'installe, ce petit effort de constance se nomme la discipline. Pour transformer vos mauvaises habitudes en de bonnes habitudes, vous devez apprendre à les contrôler. Pour cela, il faut diminuer son emploi. Par exemple pour arrêter de grignoter, il faudrait grignoter de moins en moins de façon que cette habitude ne soit plus une action automatique. Dans cet exemple, moins vous grignoterez, moins vous continuerez à grignoter. Quand vous y réfléchissez, c'est logique, sauf qu'il est difficile de se séparer de ses mauvaises habitudes et pour certains de leurs addictions. Cela demande un effort permanent à répéter jusqu'à diminuer une addiction.

Après avoir défini le mécanisme et la structure d'une habitude, nous allons étudier comment en créer de nouvelles. Vous avez déjà la solution, j'en suis certaine. Alors, comment s'y prendre ?

Créez un plan d'action. Intégrez progressivement des petits changements et faites cela par passion. Aimez ce que vous créez. Si cette habitude est une contrainte pour vous, vous ne tiendrez que sur à court terme et les résultats obtenus seront médiocres. Ayez un vrai désir et aidez-vous de cette envie pour mettre en place cette nouvelle habitude. Instaurez une seule habitude à la fois. Pour qu'une habitude en devienne une, vous devrez la répéter encore et encore, surtout ne lâchez rien et continuez. Soyez fier de ce que vous avez déjà accompli et battez-vous pour sortir enfin de cette zone de confort.

Vous serez ensuite récompensé grâce à la volonté dont vous aurez fait preuve. Lorsque vous mettez en place l'habitude, pensez à la récompense, au résultat escompté, cela vous donnera encore plus envie de réussir.

Avant de passer à la suite, je voudrais aborder un passage sur les mauvaises habitudes. Une mauvaise habitude n'est pas éternelle. Vous pouvez oublier cette habitude en la remplaçant avec une autre qui sera meilleure pour vous. Choisissez de transformer une habitude. Même si les habitudes sont gravées dans votre cerveau, vous pouvez les améliorer.

Premièrement, continuez de répondre à un besoin. Je reprends l'exemple de la personne qui grignote. Cette personne grignote parce qu'elle a faim. Donc pour modifier cette mauvaise habitude elle devra anticiper ce besoin. Par la suite à table elle utilisera son intelligence pour manger un peu plus pour tenir jusqu'au prochain repas.

Pour encore vous aider, et j'insiste, vous devez agir. Créer de bonnes habitudes ou modifier de mauvaises habitudes nécessite d'un passage à l'action. Ce passage à l'action est décidé par vous, vous seul pouvez améliorer votre situation. Arrêtez de parler et faites-le.

Aussi j'ajoute qu'il est important de prendre le temps de réfléchir, mais lorsque c'est le moment de passer à l'action, il est temps de se réveiller, de cesser de penser et de s'y mettre. Trouver de nouvelles habitudes, vous libèrera et augmentera votre confiance en vous, mais pour cela c'est à vous d'agir.

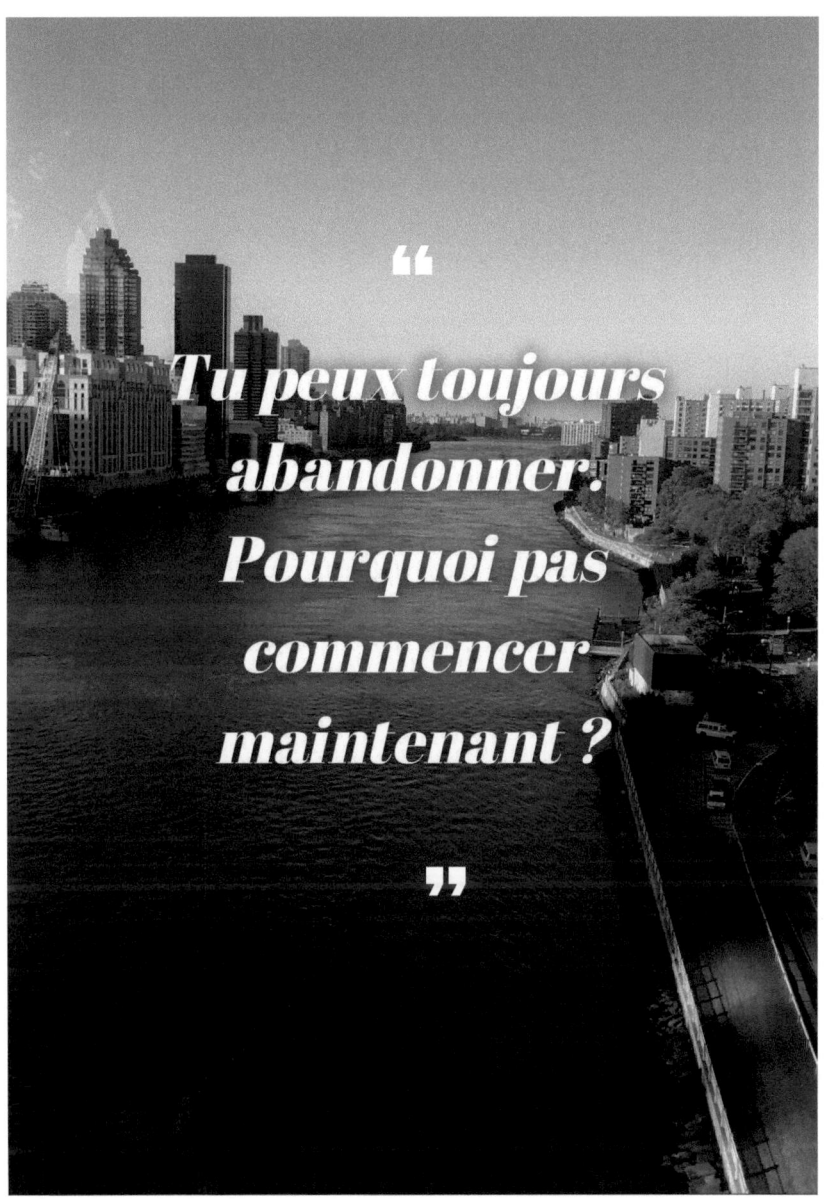

" Tu peux toujours abandonner. Pourquoi pas commencer maintenant ? "

CHAPITRE 19
APPRENDRE À DIRE NON

Une habitude que beaucoup n'ont pas est celle de dire non. Dire non vous permet de vous libérer. Vous avez le droit de dire « oui » et « non » c'est comme ça. De plus, vous pouvez dire « non » comme « oui » sans donner d'explications.

Faire la différence entre accorder un « oui » ou un « non » aux autres vous permettra d'être heureux. En effet, portez de l'attention à ce que : quand vous dites « oui » aux autres vous ne dites pas « non » à vous-même. Dire « non » augmentera votre confiance en vous, c'est vraiment une capacité inouïe. Savoir dire « non » c'est poser ses limites, et c'est se respecter.

Souvent, beaucoup de personnes se forcent à accepter de faire des choses ou acceptent des situations qu'elles ne souhaitent pas. Des choses qu'elles n'apprécient pas ou qui ne leur apportent rien. Sauf qu'elles disent « oui » par peur de vexer, de décevoir ou d'être rejetées.

Oser dire « non » vous rend plus intelligent que les autres. Après tout, vous avez le droit de refuser et d'être libre. Ainsi, vous vous affirmerez. Je pense que pouvoir dire « non » et choisir de le dire est une façon de se rebeller. Cette manière d'oser reste positive. Vous n'acceptez pas qu'on vous dise quoi faire ou quoi penser. C'est s'assumer et respecter qui vous êtes vraiment.

"Savoir dire
"non"
c'est respecter
son temps.
Donner de la
valeur à sa vie,
à ses priorités.
Et donc,
à soi-même"

En revanche, dire « oui » à tout est une sorte de soumission. D'un côté, vous avez aussi ce droit de dire « oui » à tout, faites comme vous le souhaitez. Dans ce cas, vous accepterez de vous plier à la volonté des autres. C'est comme si vous suiviez les autres comme un mouton, sans vouloir vous offenser si vous faites partie de ces personnes. Je veux que vous preniez conscience que dire « oui » à tout ou à beaucoup de choses n'est pas la solution même si c'est dans votre nature. Cela ne vous rendra pas service même si vous voulez aider par gentillesse.

Je vous conseille de faire des choses que vous aimez et qui vous rendent heureux(se) et non des choses que les autres aimeraient que vous fassiez. Libérez-vous. Nous avons vu le pouvoir de l'affirmation de soi, et bien là c'est le moment de s'exprimer. Émancipez-vous de l'autorité extérieure qui s'exerce sur vous, exposez vos opinions, soyez indépendant. Vous êtes le maître de vous-même, c'est à vous de choisir quand dire « oui » ou « non » sans que vous ayez à donner d'explications.

Certes, vous allez sûrement rentrer en opposition avec des personnes. Vous en offenserez, mais s'ils ont vraiment du respect pour vous ils vous comprendront. Faites preuve de courage et de force pour rester en accord avec ce que vous êtes. Cette habitude à prendre sera difficile à accepter, mais dites-vous que vous devez l'expérimenter pour être mieux. C'est une autre manière de s'affirmer et d'obtenir de la confiance en soi.

"
Ne dis
jamais
"peut-être"
lorsque
tu veux
dire
"non"
"

CHAPITRE 20
LA RECONNAISSANCE

Pour ajouter du contenu et des solutions concrètes, et pour aider ceux qui en ont besoin. Je vais faire référence à la reconnaissance et à l'estime de soi. Ces deux besoins doivent être satisfaits pour aimer l'image de soi.

La reconnaissance est définie par un besoin d'être reconnu par ceux qui nous entourent. Chacun éprouve ce besoin de détenir du respect des autres. Être reconnu des autres vous permet de reconnaître votre valeur et vos capacités.

La reconnaissance de soi est causée par l'écoute de soi. Quand vous vous exercez et essayez de vous écouter que ce soit une écoute de ce qui se passe à l'intérieur ou à l'extérieur de vous, vous améliorez votre compréhension de vous-même. Si vous ne vous écoutez pas, vous ne pouvez pas reconnaître ce qui est en vous.

La reconnaissance et l'écoute de soi sont des sujets très compliqués à cerner. L'idée principale à retenir, est que la reconnaissance de soi, (donc reconnaître qui vous êtes) à un rapport avec l'estime de soi. Savoir s'écouter, reconnaître et estimer sa valeur, revient à se connaître, faire preuve de connaissance de soi… Par exemple, vous éprouvez de la reconnaissance envers vous-même et grâce à elle vous arrivez à mesurer votre valeur.

Tandis que l'estime de soi et la confiance en soi peuvent être améliorées par vous, la reconnaissance de soi est plus difficile à améliorer. Pour vous reconnaître et être reconnu, vous avez besoin de quelqu'un qui est à votre écoute. Une personne qui vous écoute vous permettra de vous sentir considéré. Alors qu'une personne qui ne porte pas attention à ce que vous dites, vous rendra moins sûr de vous et vous penserez être une personne sans intérêts et rejetée. En effet, la reconnaissance de soi est liée aux autres, en tout cas c'est souvent le cas. Elle est liée aux autres dans la mesure où ils nous renvoient un « effet retour », « un feed-back » de notre image.

Maintenant, prenez conscience que c'est une erreur. L'erreur est de penser que notre valeur dépend d'autrui. Votre valeur ne dépend en fait que de vous et c'est à vous d'estimer cette valeur. Par contre, la reconnaissance de soi peut être améliorée par l'environnement dans lequel vous vivez. Je pense qu'être écouté et se sentir considéré vous permet de mieux vous construire. Cela aide une personne en matière de développement personnel. Les autres personnes qui vous entourent à qui vous faites confiance et à qui vous vous confiez doivent en revanche choisir de vous écouter sinon vous n'avancerez pas. Il faut essayer de se confier à plusieurs reprises et voir si ça vous aide.

C'est pourquoi l'écoute de soi est une meilleure solution si vous ne pouvez pas compter sur les bonnes personnes. L'écoute de soi vous apprend à reconnaître en vous ce qu'une autre personne ne reconnaît pas. Par exemple, elle vous incite à évaluer s'il est nécessaire que quelqu'un vous entende. Pour obtenir une écoute de soi meilleure, vous devrez avant tout vous respecter. Et se respecter impliquera que vous essaierez de faire pour vous-même ce que vous souhaitez demander à l'autre. Ce concept est compliqué à comprendre, mais en résumé si vous voulez être écouté et reconnu vous devez d'abord vous écouter.

Je reprends l'idée de tout à l'heure : si vous voulez que quelqu'un change de comportement, il faut avant tout songer à changer le vôtre.

Enfin, j'insiste, personne ne peut vous respecter, si vous ne le faites pas pour vous-même. Vous devez prendre en charge vos décisions pour ne pas dépendre d'autrui. Par conséquent, prenez en charge vos besoins de confiance, d'estime de soi, d'écoute de soi, d'affirmation de soi et pour finir de reconnaissance.

La reconnaissance vous permettra d'augmenter la confiance que vous vous accordez et celle que vous accordez. Reconnaître vos capacités, prouve que vous avez de l'intérêt vis-à-vis de vous et dans la société.

La défaite n'empiétera jamais sur toi si ta volontée de réussir prend vigoureusement le dessus

SIXIÈME PARTIE
L'ÉPANOUISSEMENT PERSONNEL

Dans quelles mesures la confiance vous aide ?

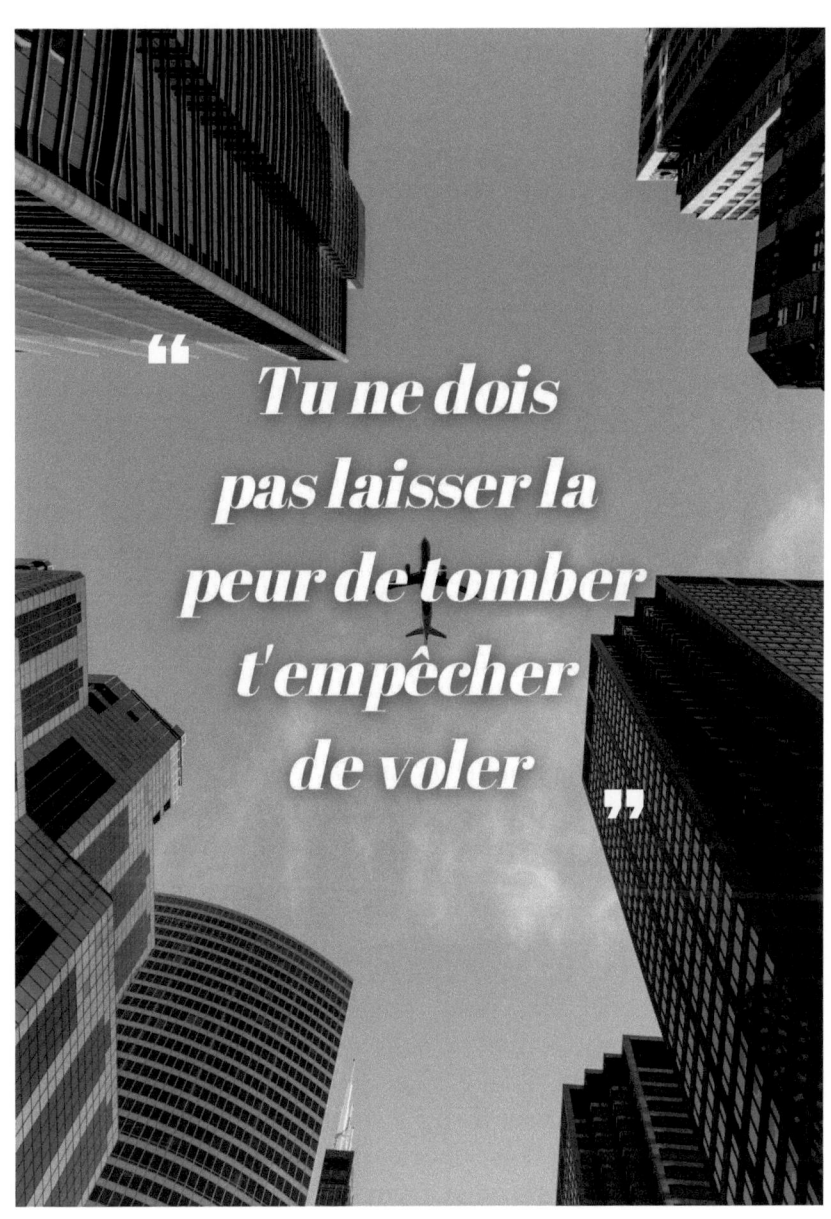

> " **Tu ne dois pas laisser la peur de tomber t'empêcher de voler** "

CHAPITRE 21
TROUVER VOTRE VOIE GRÂCE À LA GRATITUDE

Une fois que vous avez résolu votre problème grâce aux nouvelles habitudes, la maîtrise de soi, le contrôle des émotions, l'acceptation… épanouissez-vous…

Vous avez la chance d'avoir une vie. La vie est une simple mesure de temps et aucune minute ne revient jamais. Développez votre esprit de manière à vous sentir plus épanoui et trouvez enfin la clé du bonheur. Souriez tant que vous le pouvez. À ce moment-là, il est important de trouver votre voie. Tâchez de savoir dans quelle direction vous allez. Vous êtes né pour accomplir une mission, réfléchissez-y. Regardez droit devant. Plus les jours passent et plus vous oublierez les moments passés. Vivez dans le présent et adoptez la joie de vivre. Réalisez que vous avez besoin de suivre vos propres ambitions et non pas celles des autres. Le plus régulièrement possible, soyez enthousiaste, réaliste et heureux. Faites des actions en agissant concrètement.

Éprouvez envers vous toute forme de gratitude. Je pense que pour détenir une belle vie, nous devons être ouverts d'esprit. L'ouverture d'esprit permet de cultiver nos connaissances. C'est pourquoi mon conseil serait d'avoir de la gratitude envers soi. La gratitude est un sentiment lié à l'épanouissement et au bonheur. Si vous parvenez à ressentir cet état de gratitude au plus profond de vous, votre énergie positive s'amplifiera.

Encore une fois, j'aimerais revenir sur les émotions. Les émotions et les habitudes sont liées. Par exemple plus vous êtes triste et plus vous le resterez, par habitude. Et en parallèle plus vous éprouvez de la joie et plus vous resterez heureux. Donc cette habitude de positiver et de voir toujours le bon côté des choses grâce à la gratitude vous apportera des effets bénéfiques dans votre vie quotidienne. Elle vous rend fier de vos accomplissements, fier de vous, ce qui vous encourage à continuer dans cette lancée.

De plus, pratiquer la gratitude, c'est-à-dire chercher à vouloir ressentir ce sentiment d'épanouissement qui améliorera votre relation déjà avec vous-même, mais aussi avec les autres et avec le monde. Ce sentiment positif vous met dans un état qui vous apportera de nouvelles expériences aussi positives. La gratitude a pour but de mettre de côté tout ce qui vous est nocif et elle vous fait vous concentrer sur l'essentiel, le positif. Je vois ce sentiment comme une réconciliation.

Un autre avantage qu'a la gratitude est qu'elle nous permet de vivre pleinement et en pleine conscience. C'est une sorte d'équilibre que l'on a enfin trouvé qui vous rend heureux et épanoui dans tout ce que vous entreprenez.

Avant de passer à autre chose, je tiens à vous montrer quelques astuces pour avoir plus de gratitude envers soi. Déjà, si de toute façon vous avez compris comment avoir confiance en soi, s'estimer, s'affirmer… la gratitude ne sera qu'un plus.

Alors pour ce bonus je vais vous parler du carnet de gratitude. Beaucoup ont sûrement déjà entendu parler de lui. C'est un concept qui vous permet au quotidien de garder ce qui vous a plu au cours de cette journée. Chaque soir, par exemple, vous prenez une minute et écrivez dans un carnet une liste de bons moments et d'actions accomplies qui vous ont rendu fier de vous. Cela vous permet de prendre conscience que chaque journée a été une opportunité pour vous et vous l'avez saisie avec succès.

Pour ceux qui comme moi n'aiment pas s'attarder à écrire à répétition leur vie ou ne veulent pas d'une autre habitude, je vous conseille plutôt de simplement repenser aux choses que vous avez accomplies. Remémorez-vous votre journée en insistant sur ce qu'il s'est passé de positif. Si vous avez eu affaire à un problème, visualisez comment vous l'avez résolu ou comment vous allez le résoudre. Questionnez-vous et jugez votre productivité. En tout cas moi je n'éprouve pas ce besoin de l'écrire, j'y repense, je visualise et je garde en tête pourquoi ces actions m'apportent du bonheur. Finalement, les actions qui me rendent heureuse sont celles en accord avec mes objectifs personnels.

Pour finir, rappelez-vous d'être reconnaissant envers chaque moment qui se passe au quotidien. Faites le choix de les vivre pleinement, en pleine conscience. Vivez dans le moment présent. Rester dans le passé vous empêchera d'avancer. Et d'un autre côté, penser à l'avenir, à ce que vous accomplirez demain, aura aussi des conséquences négatives et par la même occasion cela vous fait oublier l'importance du moment présent. Gardez des ondes positives et cette affirmation à l'esprit : mes tâches d'aujourd'hui, je les accomplirais aujourd'hui.

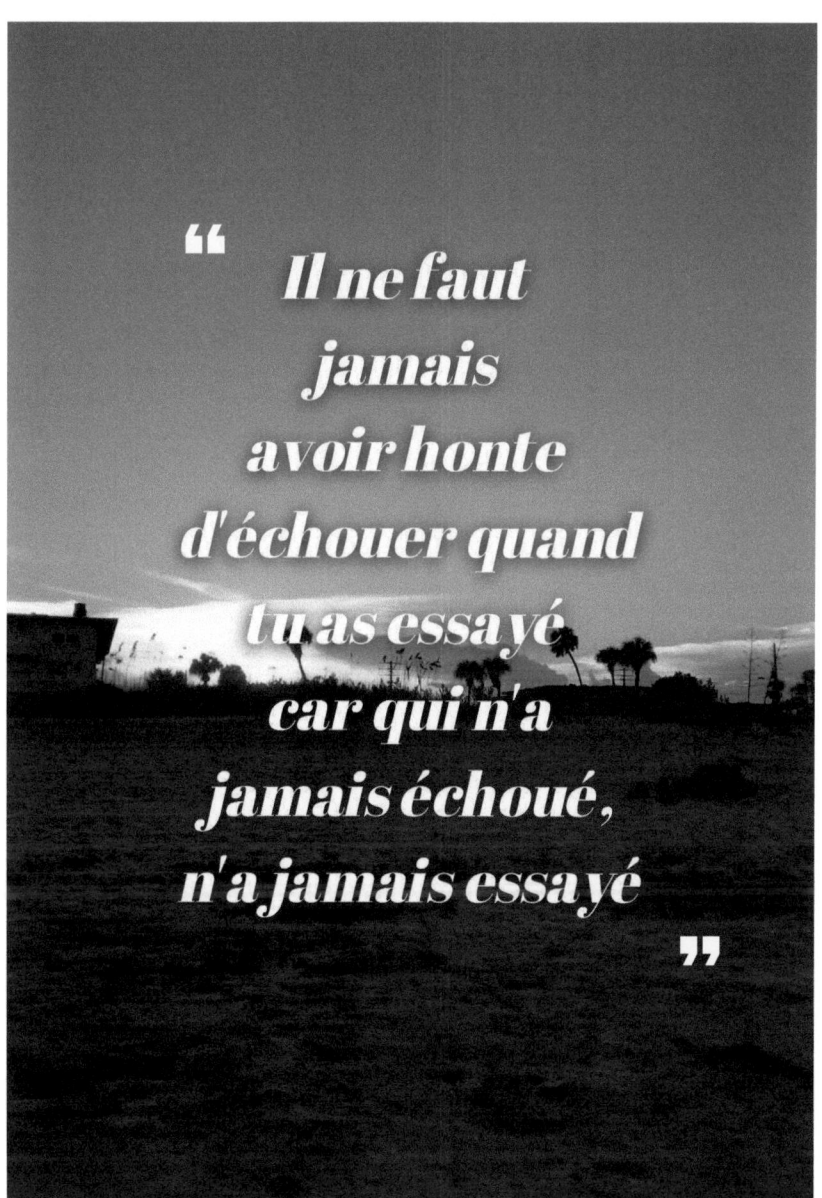

> **Il ne faut jamais avoir honte d'échouer quand tu as essayé car qui n'a jamais échoué, n'a jamais essayé**

CHAPITRE 22
AVOIR CONFIANCE EN VOS OBJECTIFS

S'épanouir vous permet de vivre pleinement. Vous attirerez des émotions positives qui vous aideront à réaliser vos objectifs. D'ailleurs avez-vous des objectifs ? Si oui : super, vous avez déjà un esprit de battant, vous voulez avancer et accomplir ce dont vous rêvez. Sinon, vous allez devoir y remédier. Se fixer des objectifs dans la vie vous responsabilise. Si vous n'avez pas d'objectifs, vous resterez dans un état de suffisance et dans ce qu'on appelle « la zone de confort ».

Avoir des objectifs, même qu'un seul, indique à votre esprit la route. Vous prenez le contrôle de votre vie et vous vous orientez vers les choses qui vous passionnent.

Je pense aussi que des personnes ont au lieu des objectifs, plutôt des rêves ou encore des résolutions. Pour moi, ces mots-là ne sont pas assez signifiants.

Un objectif est une réussite précise, réalisable qui est bien définie. De plus pour réaliser ses objectifs vous avez tous un plan et une méthode.

Les rêves sont des objectifs souvent très grands, ils ne sont pas assez ciblés et vous ne savez pas comment faire pour les réaliser. En effet, les rêves sont réalisables, mais sont trop souvent imprécis, surtout de manière temporelle. C'est-à-dire que vous n'imposez pas de date à laquelle vous aurez enfin accompli votre rêve. C'est pour ça qu'il est beau de rêver, mais avant cela il vous faut vous créer de véritables objectifs et un plan d'attaque.

Les résolutions elles, en tout cas pour moi, sont des accomplissements qui se prennent sur une année. J'ai des résolutions pour chaque année, mais en plus d'objectifs sur plusieurs années.

Dans ce passage, je vais décrire pour vous comment prendre votre avenir en main. Vous êtes tous capables d'atteindre vos objectifs si vous les prenez de la bonne façon. J'ai une bonne technique à vous conseiller, c'est une technique dont j'ai appris l'existence en lisant des livres. Cette méthode est celle de quelqu'un d'autre et je vous la repartage pour ceux qui voudraient la connaître.

La méthode se nomme la « méthode Smart », elle vous permet de créer des objectifs « Smart ». Premièrement « Smart » en anglais signifie intelligence. Ensuite, chaque lettre de ce mot forme un acronyme. Un objectif SMART est un objectif :

o « S » spécifique, il est précis et clair.

o « M » mesurable, il est quantifié. Par exemple, si l'objectif est de gagner de l'argent, la somme devra être indiquée.

o « A » atteignable, c'est-à-dire que le niveau que vous souhaitez atteindre doit être juste, s'il est trop haut vous vous frustrerez, s'il est trop bas vous vous ennuierez.

o « R » réaliste, faites attention au contexte et aux contraintes, vous devez anticiper les obstacles.

o « T » temporel, comme je l'ai dit pour les résolutions et les rêves, les objectifs ont une échéance indispensable. L'échéance est une date de fin ou une durée (par exemple : pendant 15 jours).

Mon conseil serait de se fixer des objectifs en utilisant la méthode SMART. À vous de faire le choix d'utiliser ou non cette méthode. Je pense qu'elle pourrait vous aider à atteindre vos buts de manière efficace. Donc, si vos objectifs sont déjà définis, réalisez-les sinon prenez du temps le plus tôt possible pour rédiger vos objectifs. Cela peut être des objectifs personnels comme professionnels, scolaires, sportifs, collectifs… à vous de voir.

Faites comme moi et affichez vos objectifs sur un mur de votre chambre, de votre bureau ou encore mieux sur votre frigidaire. En général, le fait de passer devant vous rappellera de passer à l'action.

Pour ce qui est des rêves, réalisez-les en définissant des objectifs de manière intelligente. De plus, avoir un ou plusieurs rêves vous inspirera.

Et pour ce qui est des résolutions, continuez, si vous êtes comme moi et que sur l'année vous les gardez, ça marche ! Juste, évitez de faire l'erreur de les oublier, ce qui est le cas de beaucoup de personnes.

Si vous voulez garder vos rêves, vos objectifs, vos résolutions à l'esprit et les tenir, affichez-les. Moi, les afficher sur un mur me suffit, mais si vraiment vous avez peur de perdre de la productivité lors de leur réalisation, affichez-les à plusieurs endroits. Vous pouvez aussi les rédiger et les mettre par exemple en fond d'écran.

Ce qui a marché également pour moi ce sont les listes de tâches quotidiennes, pour ceux qui connaissent elles se nomment *to do list* en anglais. Vous utilisez une feuille, un tableau effaçable, une ardoise, un document numérique (*Word*) et vous écrivez tout ce que vous devez faire aujourd'hui ou dans la semaine. Ces petites tâches que vous réaliserez vous montreront que vous avancez et vous pourrez évaluer votre productivité.

En soi, les objectifs vous apporteront plus de confiance en vous et un sentiment de gratitude au quotidien. Vous serez fier de vous.

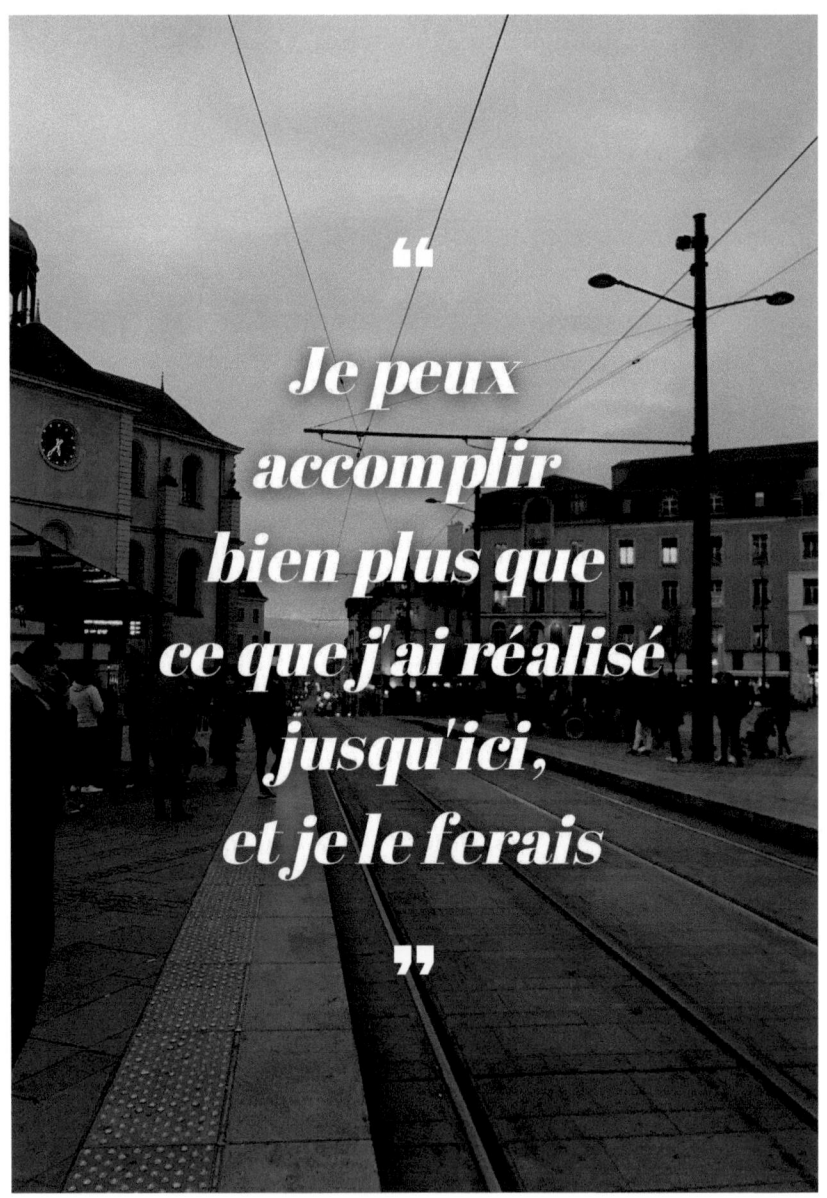

> **Je peux accomplir bien plus que ce que j'ai réalisé jusqu'ici, et je le ferais**

CHAPITRE 23
APPRENDRE À AVANCER

Au-dessus, nous avons étudié comment se créer des buts dans la vie. Pour maintenant, les réaliser, vous devrez apprendre à avancer.

Pour avancer, vous devez faire face à toutes les situations possibles et imaginables. Être capable d'y faire face et de vous battre pour ce que vous voulez pour réussir.

Premièrement, les objectifs que vous vous êtes fixés ou que vous déterminerez très prochainement vous permettront de savoir où vous allez. Il va falloir orienter votre vie en prévoyant grâce à vos objectifs ce que vous voulez faire.

Pour avancer, j'aimerais vous enseigner l'art de persévérer. Obligez-vous à être toujours à 100 % dans tout ce que vous entreprenez. C'est vrai, cela paraît impensable et exigeant, mais à vous de savoir ce que vous voulez. Persistez tant que vous n'avez pas réussi. J'insiste : vous devez continuer à essayer encore et encore jusqu'à ce que vous atteigniez votre but. Acharnez-vous à aller de l'avant. Choisissez de faire un pas de plus chaque jour, un pas qui vous mènera à votre succès. C'est vrai qu'il faut se doter d'un mental d'acier. Vous devrez être fort d'esprit pour travailler dur sans relâche. Cette réalisation paraît militaire, mais je pense avant toute chose que si vous voulez vraiment réaliser quelque chose, aucun obstacle ne vous fera reculer.

Attention si vous êtes incertains, si vous pensez que finalement cette réussite ne vous animera pas de joie, il vaudrait mieux revoir vos objectifs. Cette incertitude pourrait vous faire douter, mais continuez, seulement, revoyez vos objectifs.

Normalement, si vous prenez bien le temps de déterminer vos objectifs intelligemment, vous obtiendrez ce que vous voudrez. Pour moi c'est aussi à la motivation de jouer, ce sont des défis que vous devrez relever alors soyez prêts et déterminés.

Vous focaliser sur une chose à la fois, vous aidera à persévérer de la meilleure des façons. Se concentrer est une capacité indispensable pour maximiser sa réussite. Comprenez qu'il faut vous concentrer sur ce qui se passe en ce moment, au moment présent.

Une autre idée qui m'aide est de chercher à prendre des risques. C'est l'idée de sortir de sa zone de confort et recevoir la capacité de s'adapter à tout évènement. En prenant des risques, vous essaierez et c'est le principal. Peu importe, que le résultat soit un échec ou une réussite. Les risques que vous prenez vous feront évoluer. Il suffit d'être prêts à en prendre grâce à l'anticipation.

Je pense que plus vous prendrez de risques, plus vous aurez cette habitude qui sera en vous. Et comme nous l'avons vu précédemment plus vous êtes habitué à quelque chose, plus vous obtiendrez un automatisme qui vous permettra d'aller plus rapidement.

Pour finir, concentrez-vous sur ce que vous savez faire et tentez d'améliorer cela. Voyez loin, voyez à long terme, c'est à vous de décider de ce que vous allez accomplir. C'est pour cela que vous allez maîtriser votre destinée en persévérant. En effet, ceux qui ne tentent rien n'ont rien, alors, sortez de votre zone de confort. Eh oui, vous apprendrez à avancer de plus en plus vite, vous découvrirez que vous êtes capables de choses auxquelles vous pensiez être incompétent.

Autre chose avant de terminer ce passage, c'est un conseil : n'ayez pas de regrets. Chérissez votre parcours, soyez passionnés par les opportunités que vous avez saisies. Vous engager à long terme vous encouragera à suivre vos ambitions.

Puis un second conseil : ne devenez pas médiocre. Médiocre, c'est vouloir en faire le moins possible tout en voulant réussir de la meilleure façon possible.

Voilà, j'espère que vous aurez compris que la clé du succès... C'est vous ! Oui, c'est de vous que commencera tout, c'est à vous et vous seul d'être productif. Gérez bien votre précieux temps.

Après tout, c'est la personne que l'on devient et la valeur qu'on acquière qui nous importent, que le résultat soit à la hauteur ou non.

Je persisterai
tant que je
n'aurai pas
réussi

CHAPITRE 24
PROFITER

Puisque j'ai beaucoup exigé d'être à fond dans vos objectifs, je voudrais juste vous rappeler d'optimiser votre temps. La vie est très courte et vous devez profiter.

Avoir des objectifs intelligents sera constructif et vous profiterez quoiqu'il se passe. Vous ferez tout par passion et même si vous redoublerez d'efforts, vous serez toujours heureux et confiant. La réalisation d'objectifs et la réussite vous renforceront mentalement en consolidant votre confiance en vous. La confiance en vous sera devenue pour vous un atout et ne sera plus un problème pour vous.

Dans le but de profiter de la vie, restez ouvert d'esprit. Certes, il est préférable de conserver vos projets pour vous, mais ne vous renfermez pas sur vous-même. Dans la vie si vous avez de réels objectifs et que vous restez seulement fixé dessus, vous passerez à côté de belles choses. Trouvez toujours un moment pour observer ce qui se passe autour de vous. L'environnement dans lequel vous vivez peut vous inspirer et vous aider à trouver des solutions ou des raccourcis sur votre chemin. Rester ouvert vous permettra de saisir des opportunités auxquelles vous n'aurez jamais pensé.

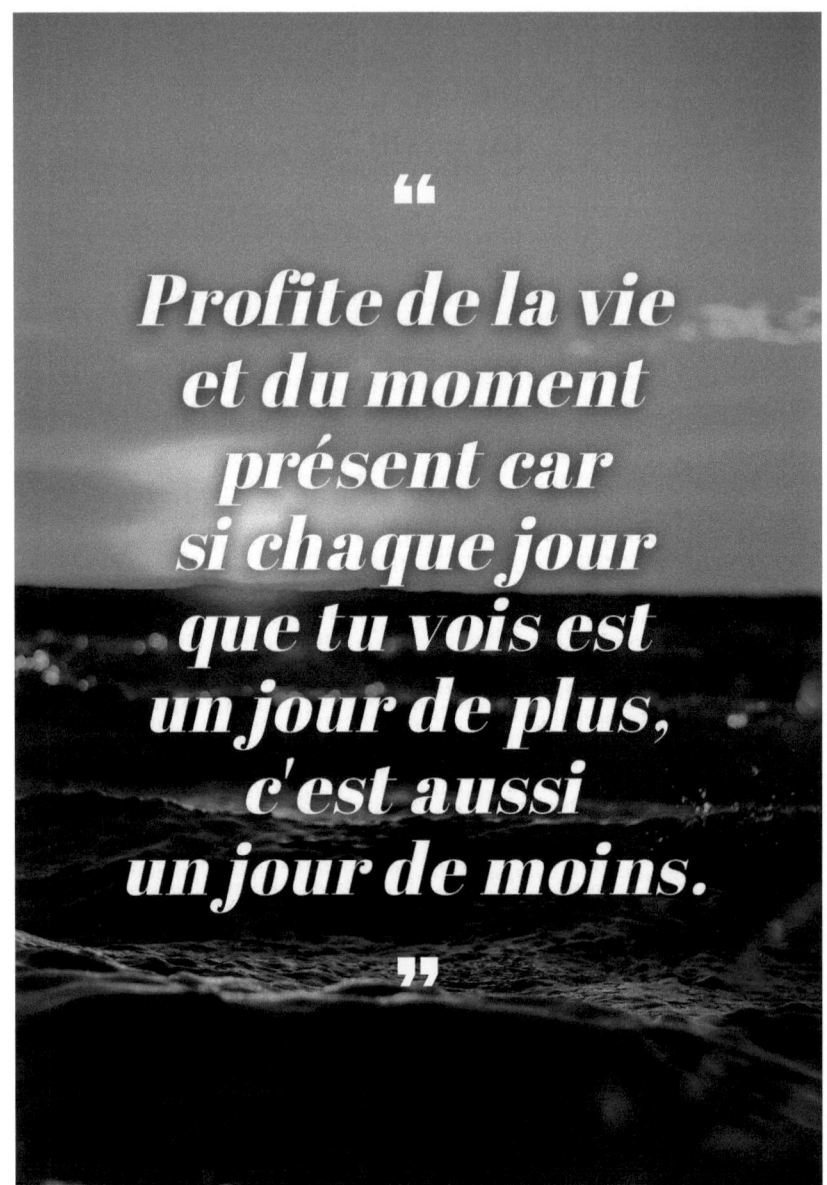

" Profite de la vie et du moment présent car si chaque jour que tu vois est un jour de plus, c'est aussi un jour de moins. "

Je pense que vous devez aussi garder le contact avec les autres. Choisissez de préserver les relations que vous avez avec les bonnes personnes. Souvent quand vous avez un objectif en tête vous êtes prêt à tout pour le réaliser, ce qui est bien, mais vous devenez solitaire. Sachez que demander de l'aide de la part des autres peut servir d'inspiration.

Évitez d'avoir de l'égo. L'égo est le fait de toujours penser avoir raison. Sauf que ceux qui pensent tout savoir ne remettent jamais en question leurs croyances et n'apprendront jamais des autres. Vous avez du potentiel, osez et explorez. Soyez toujours prêt à apprendre des autres, notamment de leurs erreurs. Cela peut toujours être très enrichissant.

Pour moi, partager des expériences avec les bonnes personnes m'aide à savoir si je suis dans la bonne direction. Nous pensons régulièrement que les autres pourront nous trouver bêtes de savoir que nous hésitons. Dans tous les cas, mon plus grand conseil serait de faire appel aux bonnes personnes. Sachez demander les bonnes choses aux bonnes personnes et écoutez les personnes qui ont déjà accompli ce que vous devez et souhaitez faire. Ces personnes-là seront votre plus grande aide, vous avez juste à demander. Vous aussi aidez les autres et vous recevrez en retour.

Un moyen d'avancer tout en profitant aussi serait de partager vos objectifs avec une autre personne. Ce moyen n'est pas toujours facile à mettre en place, mais si vous vous entourez des bonnes personnes, le travail d'équipe paiera. Par exemple pour une perte de poids, alliez-vous à un ou une amie qui a ce même objectif et chaque fois que vous réussirez à perdre un peu plus vous serez fier de vous mutuellement. Je trouve que cette méthode peut réellement aider. Elle permet d'encadrer votre parcours et vous pourrez obtenir et offrir du soutien. De plus, vous reconnaîtrez que quelqu'un a de l'intérêt pour vous et veut le meilleur pour vous et inversement.

J'ai utilisé cette méthode, mais j'avoue que certaines fois je préfère rester seule pour réaliser mes objectifs. Le problème c'est que j'aime avancer. Voir que quelqu'un pourrait avancer plus vite que moi peut me décourager. C'est un point faible que j'ai. Soit la concurrence est favorable et j'avance en même temps que les autres ou je me mets des objectifs encore plus hauts et je me surpasse, comme si je devais prouver quelque chose. Ou alors dans le pire des cas lorsque les objectifs des autres sont plus importants que les miens, ça me freine même si je continue à être motivée. Donc avoir des objectifs collectifs est pour moi un avantage, en revanche cela dépend de quels objectifs. Globalement il faut que mes objectifs soient en accord avec ceux de la personne avec qui j'ai choisi de les partager. Si mes objectifs sont plus petits que ceux de l'autre personne, sans le vouloir je rentrerai en concurrence avec. J'espère que vous avez saisi mon point de vue. Si vous êtes dans cette situation, vous comprendrez très bien de quoi je parle. C'est mon caractère, je pense.

Bon, pour illustrer un peu, je vais vous donner un exemple de ma vie personnelle. Lorsque j'étais en cours, j'essayais d'avoir les meilleures notes possibles. J'étais tellement fière de moi d'être deuxième de la classe. Ainsi, oui, j'étais deuxième j'étais très fière, mais sachant que j'étais deuxième et non première, au deuxième trimestre je me suis mis la pression pour arriver à être première. Finalement, je suis restée deuxième et j'avais une bonne moyenne, au moins j'aurais essayé. En vrai plus je réfléchis et plus je me dis que c'est mon caractère, je me mets en compétition avec moi-même et en plus avec les autres. En fait, je suis exigeante et je sais ce que je veux.

Revenons-en au fait, le principal est de faire des choses qui vous passionnent, définissez vos priorités et concentrez-vous sur les actions qui vous mèneront au succès sans vous enfermer dans votre bulle. Soyez actifs, productifs et créatifs. Préservez un esprit ouvert et vos relations humaines, celles de qualité évidemment. Saisissez de belles opportunités, construisez votre vie. Choisissez d'être qui vous voulez. Accomplissez ce que vous voulez. Partagez du temps avec qui vous voulez. Prenez des décisions dès maintenant pour changer un aspect de votre vie, c'est vous qui avez le pouvoir de décider. Changez de mode de vie et pour cela ayez confiance en vous.

"Demain est un nouveau jour"

SEPTIÈME PARTIE
LA CONFIANCE A SES DÉFAUTS

Quelles sont ses limites ? Comment faire confiance ?

CHAPITRE 25
ÊTRE TROP SÛR DE SOI

Dans cette dernière partie, nous allons aborder les défauts liés à la confiance et à la confiance en soi. Il est important de faire la différence entre un manque, un équilibre et un trop de confiance en soi.

Premièrement, nous avons analysé le manque de confiance en soi et nous avons appris à savoir comment y remédier. Puis l'équilibre, ce moment où vous avez confiance en vous et que cela vous permet d'avancer. Et enfin, nous allons étudier ce moment où vous éprouvez trop de confiance en vous. Oui, cela existe.

La confiance en soi varie constamment puisque vous ne vous connaissez jamais véritablement. Au final, chaque personne au vu de chaque évènement qui apparaîtra ponctuellement, réagira avec plus ou moins de confiance. Ces niveaux de confiance qui varient sont la conséquence de vos expérimentations.

Par exemple, lorsque vous apprenez à conduire. Au début, vous n'êtes pas du tout sûr de vous, ne vous inquiétez pas tout le monde est passé par là. Puis, à force de conduire et de prendre des leçons, votre conduite va s'améliorer et vous aurez de plus en plus confiance en vous. Vous aurez ainsi trouvé cet équilibre. Par la suite quand vous conduirez un peu plus tard, après quelques années d'expérience, conduire sera devenu une habitude et quelques fois vous aurez des excès de confiance en vous « vous prendrez la confiance » et vous pourrez par exemple faire des excès de vitesse… Cet exemple très imagé vous permet de visualiser que la confiance en soi n'est jamais acquise.

Aujourd'hui, le monde est fait d'une majeure partie de personnes manquant de confiance en elles. Vouloir remédier à ce manque peut être mal vu. Pendant un moment, j'ai eu peur de montrer que j'avais confiance en moi. Au fond de moi, je craignais plus ou moins qu'on me qualifie d'une personne orgueilleuse ou bien narcissique. Globalement cela veut dire que quelqu'un pourrait me qualifier de personne qui aime se mettre en avant, une personne hautaine… Par mon expérience, je peux même vous confier qu'on me l'a dit. On m'a fait des remarques comme « tu es trop comme ça, tu fais trop cela », « on dirait que tu voudrais être populaire »… Au final le mieux est de rester comme vous êtes et j'ai appris à faire face à cela. Donc, dans mon cas je n'avais pas d'excès de confiance en moi, j'étais juste capable d'assumer qui j'étais alors que les personnes qui m'entouraient ne le pouvaient pas. Et psychologiquement, je pensais avoir trop de confiance en moi. Tout cela a été causé par le regard des autres qui m'a fait me remettre en question. S'accorder de la confiance en soi face aux regards des autres est complexe et vous serez facilement jugé, mais il faut oublier leurs regards pour avoir confiance en vous.

Être raisonnable face aux regards des autres vous fait du mal à vous-même. Croyez en vous, soyez constructifs, mais connaissez les limites de vos capacités. Entre autres, je pense que l'excès de confiance en soi permet d'avancer plus vite puisqu'elle sous-estime les obstacles qui lui feront barrage en chemin. Avoir plus de confiance en vous qu'il n'en faut alors vous aidera à entreprendre plus de nouvelles expériences.

Donc un excès de confiance en vous montre que vous vous surestimez par rapport à vos capacités. Malheureusement, être trop sûr de soi fausse la réalité. Les capacités que vous pensez avoir sont erronées. Votre jugement de la situation, les décisions que vous allez prendre ainsi que les résultats seront faussés.

Pour illustrer les conséquences négatives de l'excès de confiance en soi, nous allons prendre un exemple. Une personne a trop bu et souhaite prendre le volant. L'alcool provoque un excès de confiance en elle et elle pense que l'alcool à peu d'effet sur elle. Alors, elle prend le volant en pensant être apte à conduire. Dans ce cas, elle s'est surestimée, et par conséquent cette personne a pris des risques. Voilà pourquoi l'excès de confiance en soi est un réel problème, il vous rend irresponsable. De plus, il faut penser aux autres et éviter d'influencer, car lorsque vous excédez de confiance vous attirez l'attention.

" Une trop grande confiance en soi vous fait avancer, mais dangereusement "

Pour contenir un excès de confiance en soi, la solution serait d'apprendre de ses erreurs. Plus vous apprendrez de vos erreurs, plus vous remettrez en cause vos capacités. Alors cette confiance excessive se régulera. Il s'agit simplement de mieux se connaître. Vous devez pour vous améliorer comprendre quand vous manquez de confiance, quand vous êtes confiant et quand vous êtes trop confiant. Cela vous permettra de savoir comment faire pour vous améliorer et évoluer dans n'importe quelles situations.

Pour résumer, en général à cause de la société si notre entourage nous reproche une chose à propos de la confiance en soi, ce serait d'en avoir trop. En réfléchissant comme la plupart des personnes en manquent, voir que vous en excédez leur fera se comparer et vous juger. Plus vous aurez confiance en vous et plus vous remarquerez l'écart entre les personnes qui s'assument et celles qui ne s'assument pas. Celles qui manquent de confiance en elles critiqueront et jugeront plus rapidement les autres puisqu'elles verront en premier chez vous ce qu'elles n'ont pas, la confiance en soi.

Encore une fois, restez fidèle à vous-même tout en prêtant attention au jugement des autres qui pourrait être constructif.

"

Je ne perds jamais. Soit je gagne. Soit j'apprends.

"

CHAPITRE 26
SAVOIR FAIRE CONFIANCE

Au-dessus, je vous explique comment gérer les variations de confiance en vous. À présent, le texte portera sur : comment accorder sa confiance à une ou plusieurs autres personnes ? Pour l'accorder, il faut s'engager et y croire.

Dans notre société, vous tissez des liens avec les personnes qui ont des points en commun avec vous. Des relations se créent, que ce soit de l'amitié, de l'amour, du professionnel…

Pour certains, accorder sa confiance à quelqu'un est plus simple que pour quelqu'un d'autre. La confiance s'accorde en quelques jours pour certains tandis que pour d'autres cela prendra plusieurs années. La durée que prend un individu pour donner sa confiance est liée à son passé. Par exemple, il est plus difficile de faire confiance à quelqu'un si vous vous êtes fait trahir lors de votre enfance.

La capacité à faire confiance à une personne a aussi un rapport avec la relation d'une personne avec ses parents. Suivant son éducation, l'enfant reproduira une grande partie des faits et gestes de ses parents. Donc si vos parents ont tendance à se méfier, par habitude vous vous méfierez aussi. Alors que si vos parents accordent facilement leur confiance, vous accorderez facilement la vôtre.

De plus, pour faire confiance à quelqu'un, vous devez analyser la personne. Cela permet de savoir si cette personne est digne de confiance. Vous jugez les apparences ainsi que les compétences de la personne. Du moment que vous ne la critiquez pas, vous verrez que vous jugerez facilement. Je vous conseille d'utiliser également votre intuition pour vous aider à avoir confiance et à croire en quelqu'un d'autre.

Avant d'accorder sa confiance, il faut en revanche avoir confiance en soi. D'ailleurs, sans un minimum de confiance en soi, aucune relation n'est possible. La confiance en soi favorisera cet accord de confiance envers quelqu'un afin de savoir reconnaître et agir selon vos intuitions.

Pour faire confiance, il s'agit d'oser prendre le risque. Le risque est que comme vous ne connaissez pas la personne en face, celle-ci pourrait avoir de mauvaises intentions.

De toute façon, il est clair que nous ne faisons jamais confiance à quelqu'un dans tous les domaines. Par exemple, certains feront plus confiance à leur patron pour être payé qu'à un ami.

Accorder de la confiance c'est aussi s'ouvrir aux autres. Le fait de s'ouvrir à l'autre passe par la confiance. Et j'ajoute que faire confiance est seulement possible s'il existe une réciprocité.

Pour ceux qui ont du mal à faire confiance à quelqu'un, mon conseil serait de rester méfiant. Vous pouvez accorder votre confiance en restant sur vos gardes. De cette façon, vous vous questionnerez et vous aurez la capacité de juger si accorder sa confiance à cette personne est bien ou non pour vous.

Maintenant pour ceux ou celles qui ont tendance à trop souvent faire confiance. C'est mon cas. Donner votre confiance vous rend vulnérable. En effet, vous perdez le contrôle et l'autre peut facilement vous influencer.

Donc, faire confiance c'est lâcher prise, prendre un risque. Si vous donnez votre confiance à une personne, celle-ci aura un impact sur votre vie et votre bien-être. Enfin, il est nécessaire d'oser prendre le risque de l'accorder, car toutes les relations sont basées sur la confiance.

Notamment à l'heure d'aujourd'hui, dans le monde du travail, la confiance est essentielle. Vous savez bien que les activités professionnelles se développent autour du relationnel. De plus, dans ce monde, vous êtes également souvent dans le besoin de partager des projets en commun nécessitant de la confiance. Puis, pour atteindre vos objectifs, il faut avoir confiance en un projet dont les résultats ne seront pas forcés d'être à la hauteur de vos attentes.

" La confiance est un élément majeur : sans elle, aucun projet n'aboutit. "

Autre information, la confiance doit être visible dans des actes, vous devez montrer que vous avez confiance en la personne. Dire que vous avez confiance en une personne sans réellement lâcher-prise et en restant sur vos gardes conduira à une perte de confiance de la personne à qui vous vouliez l'accorder.

Pour finir, souvenez-vous qu'il est mieux de prendre des risques pour accorder votre confiance. Saisissez cette opportunité, mais restez méfiant. Une atmosphère de confiance permettra un meilleur développement personnel, ou encore une coopération.

La confiance est quelque chose qui se co-construit, celle-ci doit être en majeure partie réciproque pour exister. Cependant, accorder beaucoup de confiance en quelqu'un peut vous qualifier de personne naïve. Les gens peuvent vous accuser d'être trop confiant sauf qu'accorder beaucoup de confiance est bien. Je pense que cela montre à l'autre que vous le respectez et que vous êtes sincère envers lui.

À présent, c'est à vous d'avoir confiance en vous et d'être capable de juger quand et quelle quantité de confiance vous devez donner à une ou plusieurs personnes. Le risque que vous prendrez ne sera que bénéfique pour vous. Essayez et vous verrez qu'accorder de la confiance en une personne, plus qu'elle ne vous en accorde, améliore votre relation.

" Te faire confiance est ma décision. Me prouver que j'ai raison ne dépend que de toi. "

CHAPITRE 27
REGAGNER LA CONFIANCE S'EXCUSER ET PARDONNER

Dans cet avant-dernier chapitre, j'aimerais vous aider à arriver à convaincre votre entourage de vous faire confiance à nouveau. Par exemple, comment faire si vous avez déjà trahi la confiance de quelqu'un, comment faire pour la rétablir ? C'est un problème pour beaucoup de personnes.

Vous avez sûrement déjà réussi à décevoir quelqu'un. Votre relation doit à présent s'améliorer. Pour cela, vous aurez besoin de faire plus d'efforts que la personne que vous avez blessée. La manière de convaincre la personne devra être sincère. Je pense qu'en premier vous devez reconnaître vos erreurs. Reconnaître avoir été infidèle en trahissant la confiance qui vous liait. Rendez-vous responsable de la situation en question. Vous avez eu un comportement qui a touché une personne que ce soit dans les paroles ou dans les actes. Vous avancerez seulement si vous êtes sincère et honnête pour regagner la confiance de quelqu'un.

Un conseil serait de se mettre à la place de l'autre personne. Comment auriez-vous réagi si quelqu'un vous avait fait endurer une telle situation, un tel comportement ? Cette question aura pour objectif de vous aider à prendre conscience que ce que vous avez fait est néfaste et est contraire à votre personne.

À présent, il sera temps de se réconcilier. En premier, pour regagner la confiance de quelqu'un, apprenez à vous excuser.

Excusez-vous seulement si vous avez vraiment tort. Je mets en avant cette condition parce que quelquefois vous pardonnez trop et c'est toujours à vous de faire le premier pas. Soyez intelligent et excusez-vous si c'est à vous réellement de le faire.

Mettez également votre égo de côté, dans certaines situations il est important d'accepter que vous ayez tort.

Après les excuses faites, écoutez ce qu'a à dire la personne dont vous avez trahi la confiance. Cette personne prendra le temps de s'expliquer en se confiant à nouveau à vous. Vous verrez que dans la plupart des cas si elle tient autant à vous que vous tenez à elle, elle vous expliquera ce qu'elle a ressenti durant cette trahison.

Finalement, pour retrouver cette confiance après avoir vexé une personne, vous devrez lui faire part à nouveau de vos sentiments. Éprouver des sentiments est une preuve de confiance, il suffira de se souvenir que les sentiments devront être aussi prouvés par des actes. Avant de repartir de zéro et que la personne vous pardonne, vous aussi vous devrez être écouté. Expliquez pourquoi vous avez agi comme tel. Soyez responsable de vos actes et la personne en face fera preuve de compassion.

Enfin, la relation pourra se reconstruire, mais pensez à vous comporter de manière différente si la même situation se représente. Restez le plus sincère possible et la confiance restera. La prochaine fois lorsque vous vous apprêtez à trahir une personne, pensez à la réaction que pourrait avoir la personne, pensez aux conséquences de vos actes. Prenez le temps d'anticiper cette situation qui sera pour vous sûrement désagréable. Et avant d'agir, essayez de vous mettre déjà à la place de la personne.

La confiance doit être basée sur une relation de communication. Savoir écouter et s'exprimer est indispensable. Après un mensonge ou une trahison, suivant l'ampleur de la situation et la personne trahie, un temps d'adaptation sera nécessaire.

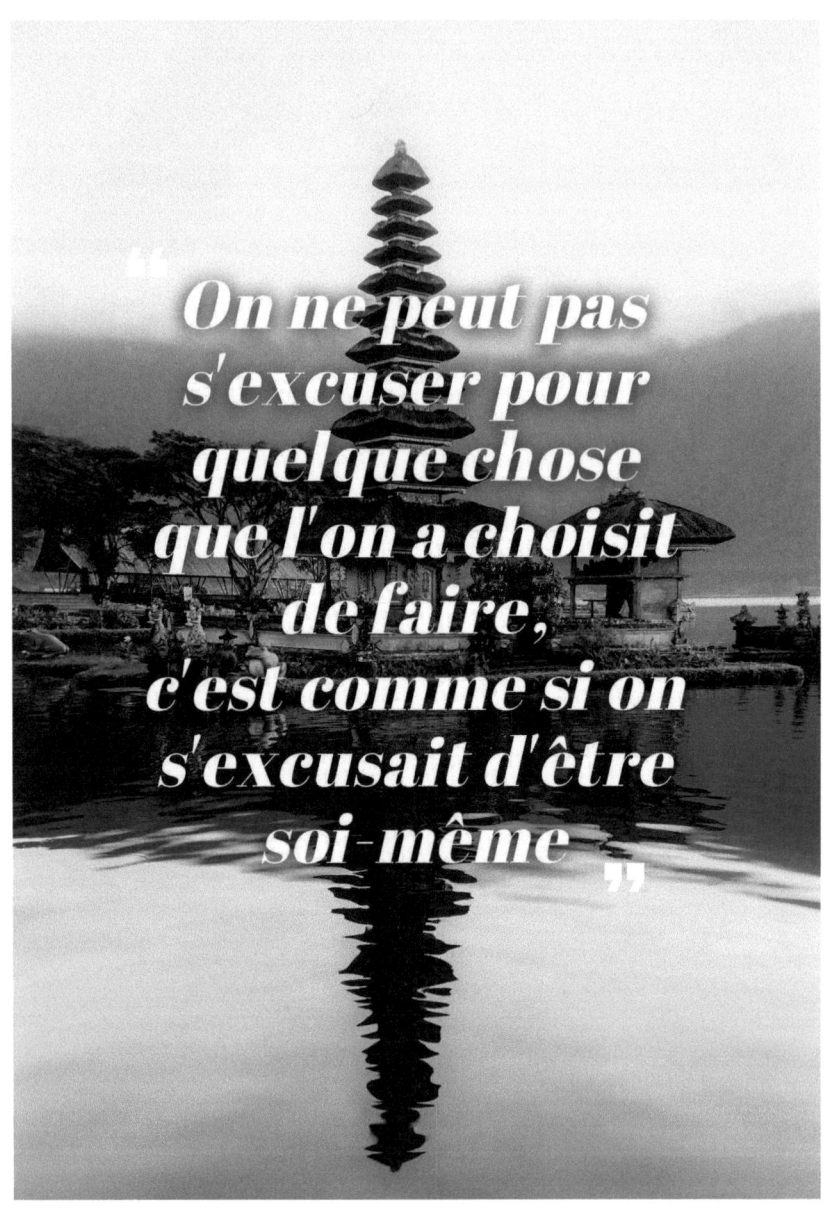

"On ne peut pas s'excuser pour quelque chose que l'on a choisit de faire, c'est comme si on s'excusait d'être soi-même"

Si à présent vous êtes dans le cas de la personne qui a souffert d'une trahison, ce passage est pour vous. Comment pardonner quelqu'un qui vous a fait du mal ? Nombreuses sont les personnes concernées par cette situation. Comme vous avez déjà trahi, vous avez également pu déjà être trahi.

Pour aller de l'avant, il vous faudra pardonner. L'autre personne en question devra faire le premier pas. Restez intelligent après ces excuses, prenez du recul et n'hésitez pas, dites tout ce que vous avez ressenti. J'insiste : exprimez-vous, montrez que les propos de la personne vous ont fait du mal, et que cette personne a trahi votre confiance. Après tout, j'espère que cette personne vous aura bien écouté et vous respectera.

Vous devrez ensuite pardonner si vous le souhaitez. Pour beaucoup, pardonner prend du temps. Je tiens à dire que vous n'avez qu'une vie et elle est bien trop courte pour se laisser du temps. Jugez à quel point la situation est grave à vos yeux pour aller de l'avant le plus rapidement possible.

La personne à qui vous souhaitez pardonner devra bien prendre conscience qu'elle devra se remettre en question. Pour trancher si vous devez pardonner ou non, retrouvez votre confiance en vous. Accordez une seconde chance vous rendra plus fort. Je pense que dans mon cas je prendrais le risque même si tout dépend de la situation. Il suffit de suivre votre cœur, suivez votre intuition, utilisez la confiance qui est en vous. Pardonnez, mais gardez à l'esprit ce qu'a fait la personne qui vous a trahi. Vous ne devez jamais oublier que cette personne a trahi votre confiance. À présent, faites des excuses, mais c'est à l'autre personne de faire davantage d'efforts pour que votre relation s'améliore. Offrir ou offrir à nouveau sa confiance et s'attendre à ce qu'elle soit respectée n'est pas une erreur. La faute sera de la part de celui ou celle qui nous ment. Prenez le risque de pardonner en donnant une seconde chance si cette personne en vaut la peine.

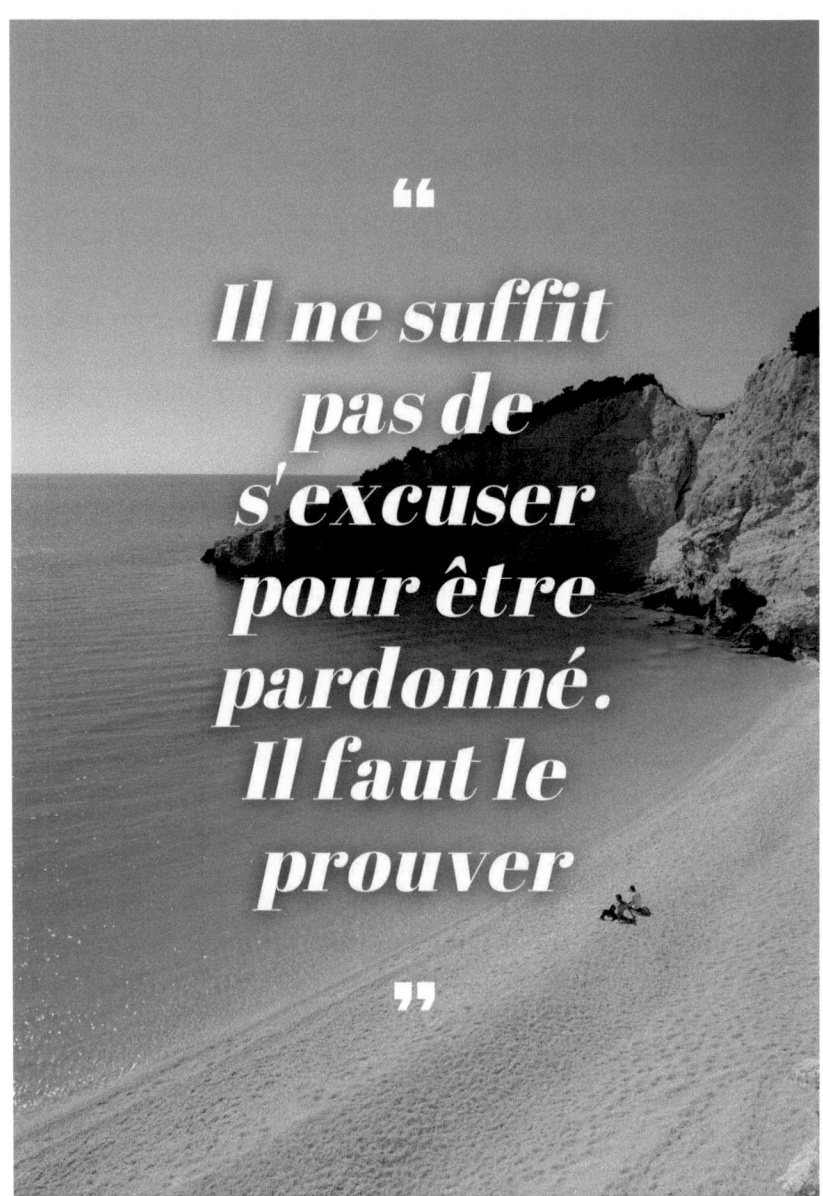

Il ne suffit pas de s'excuser pour être pardonné. Il faut le prouver

CHAPITRE 28
INSPIRER CONFIANCE

Enfin, dans ce dernier chapitre, nous allons comprendre et apprendre la meilleure façon d'inspirer confiance. Alors, comment inspirer confiance quotidiennement ?

Inspirer confiance vous permettra de créer plus de relations de confiance avec les gens. De plus, vous obtiendrez l'adhésion des autres à vos idées et à vos projets.

Le monde manque de confiance et inspirer confiance sera un atout pour vous que ce soit au cours de votre vie personnelle ou professionnelle.

Inspirer confiance est la conséquence d'un lien entre deux personnes, ce lien est basé sur une émotion. Lorsque vous souhaitez inspirer confiance, cela revient à permettre à l'autre personne de baisser sa garde. Montrer que les autres peuvent avoir confiance en vous, c'est montrer que vous êtes une personne bienveillante, honnête et sincère. Vous devez aussi laisser voir que les autres peuvent compter sur vous. Vous devez être crédible.

Premièrement, c'est évident, pour inspirer confiance vous avez l'obligation d'avoir confiance en vous. Si vous souhaitez avoir la confiance de votre entourage, ayez d'abord confiance en vous-même. Mais avoir confiance en soi ne suffit pas. Par exemple, les personnes manipulatrices voulant plaire à un maximum de personnes ne sont pas des personnes authentiques même si elles ont confiance en elles. Retenez que ceux qui ont confiance en eux n'ont pas toujours de bonnes intentions même s'ils vous inspirent confiance.

Alors pour inspirer confiance vous devez aussi montrer l'exemple. Je pense à tous ceux qui sont dans le monde du business, de la politique… Les relations doivent être des relations de confiance et cela veut dire que vous devez vous montrer tel que vous êtes, au naturel. Être tel que vous êtes, implique que les autres devront comprendre aussi qu'ils pourront être déçus. Par exemple, si vous inspirez confiance, les gens vous suivront plus facilement, mais comme vous serez tel que vous êtes et que les personnes qui vous suivent seront loin de vous connaître par cœur, il arrivera un moment où elles seront déçues par vous.

Inspirer confiance est la capacité la plus importante à mes yeux chez un leader, quelqu'un que vous souhaitez suivre. Un leader par exemple devra arriver à faire comprendre aux gens son point de vue alors que celui-ci peut être totalement différent du leur.

Le but d'inspirer confiance est de diffuser une vision commune qui à l'origine est établie par la personne qui inspire confiance.

Une de mes solutions pour inspirer confiance serait de tenir ses engagements, envers vous-même et envers les autres. Tenir ses engagements montre que vous êtes digne de confiance puisque cela prouve que vous ne souhaitez pas vous décevoir ni décevoir les autres.

De plus, accordez votre confiance aux autres, avant qu'eux-mêmes ne vous la donnent. Ayez confiance en eux, montrer que vous leur faites confiance.

Concrètement, soyez véritable, vous devez être totalement transparent pour éviter la méfiance des autres. Plus vous serez naturel et transparent, plus les personnes ne se feront pas de fausses idées sur vous, ils n'auront pas le temps d'imaginer qui vous n'êtes pas.

Pour finir, soyez digne de confiance et restez en accord avec ce que vous dites. Vos paroles et vos actes doivent réunir les mêmes valeurs et les mêmes principes.

Maintenant, j'aimerais juste parler d'une autre chose. Si vous voulez inspirer vraiment confiance, ne soyez pas tenté de critiquer les personnes absentes. C'est vrai que cela créer un lien puisque vous et la personne avec qui vous parlez, êtes du même avis sur la personne absente. Au final, cela ne vous mènera pas vers une relation de confiance, ou alors une relation de confiance, mais seulement d'apparence. La personne avec qui vous discutiez pourrait se questionner à votre sujet. Elle se demandera ce que vous pourriez bien dire à propos d'elle quand elle ne sera pas là pour se défendre.

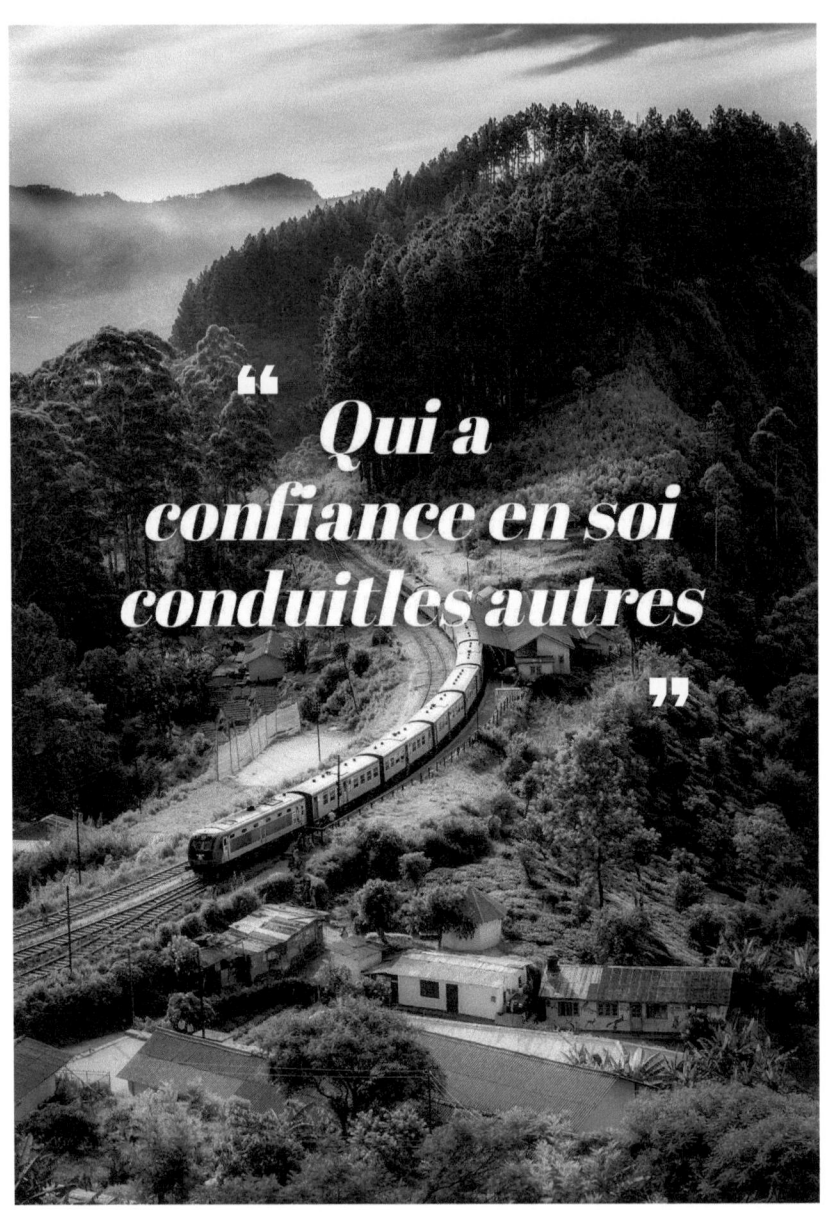

"Qui a confiance en soi conduitles autres"

CONCLUSION

Histoire de finir sur une note positive, ce passage vous fera retenir le principal.

La confiance est essentielle pour vivre. Elle vous aide à vous libérer. Si vous en manquez, vous pourrez toujours en obtenir davantage. Si vous en excédez, vous pourrez toujours en perdre. La confiance varie à chaque situation et c'est pour cela qu'il est difficile d'en avoir assez constamment.

La confiance vous permettra de profiter de la vie. De plus grâce à elle vous atteindrez vos objectifs et vous deviendrez la meilleure version de vous-même. Croyez en vous, croyez en vos objectifs, croyez-en tout ce qui est réalisable. Faites que l'impossible devienne possible, car comme dirait Walt Disney « *If you can dream it, you can do it* ».

Pour vous épanouir gardez à l'esprit comment fonctionnent les émotions et la loi de l'attraction. Si vous y réfléchissez bien, elles sont basées sur votre confiance en vous et en elles. Positiver vous servira quoi qu'il advienne.

Cultivez-vous, et ayez l'esprit ouvert. Cela vous aidera à avancer dans votre vie et améliorera votre relation aux autres.

D'ailleurs, partagez votre confiance « plus on donne, plus on reçoit ». Ce proverbe insinue qu'il faut donner sans compter aux gens que nous avons pris le temps de choisir. Avoir confiance en d'autres personnes participera à votre bonheur.

Pour la dernière fois, je vous le dis, faites-vous confiance et prenez des risques. S'il vous arrive de douter de vous, essayez quand même.

" Qui ne
tente rien,
n'a rien. "

À PROPOS DE L'AUTEURE

Je m'appelle Meily, j'ai 16 ans. J'ai choisi d'écrire ce livre pour venir en aide aux personnes dans le besoin. La confiance touche énormément de monde et j'avais envie de vous sensibiliser à ce sujet. Je me suis intéressée à cette thématique puisqu'en ce moment je lis de nombreux livres sur le développement personnel. Aujourd'hui, de plus en plus de personnes veulent s'épanouir au cours de leur vie et la solution pour elles serait, la confiance. Quand vous y pensez, c'est la clé du succès de votre vie.

Parlons légèrement de mon passé pour que vous compreniez mieux mon point de vue.

En soi, j'ai toujours eu confiance en moi. Même si je ne m'en rendais pas compte, j'étais souvent du genre entreprenante et j'aimais tester toujours de nouvelles expériences.

Pendant un long moment, je n'ai pas eu peur du regard des autres. D'ailleurs, au collège, je m'étais même lancée sur YouTube pendant 2 ans.

Puis en grandissant, j'ai fait le choix de moins partager ma vie. Mes relations amicales s'étaient détériorées et je devenais de plus en plus renfermée sur moi-même. J'étais « dans ma bulle ». Je pense qu'à ce moment-là, je ne souhaitais plus aller vers les autres, mais j'essayais quand même. Je ne peux pas dire que je n'avais pas confiance en moi, ce serait vous mentir. J'étais juste différente.

Enfin, le lycée m'a permis de m'ouvrir beaucoup plus aux autres. J'y ai fait de magnifiques rencontres et j'ai tellement profité et ri.

En grandissant, j'ai changé, même beaucoup. À la fin de ma première année de lycée, je perds une douzaine de kilos. Je maintiens aujourd'hui mon poids de manière stable. Cette perte de poids m'a doté d'une confiance en moi impensable. Au début, ça n'était pas le but. Je voulais juste essayer, je souhaitais voir « Pourquoi il est si difficile de perdre du poids ». Maintenant, j'ai la réponse comme je me suis très documentée sur ce sujet. J'ai donc acquis une confiance en moi plus forte grâce à cette réussite.

De plus, j'ai enfin trouvé ma passion, le patinage artistique. Cette discipline m'a permis de renforcer encore ma confiance en moi. À mon avis dans un sport, un travail ou dans tout autre domaine, la réussite vous aide fortement à amplifier votre confiance en vous. C'est pourquoi vous devez essayer de nouvelles choses, jusqu'à réussir puis être fier de vous et ensuite recommencer.

Actuellement au lycée, aujourd'hui en classe de terminale, je m'oriente dans des études en immobilier ou finances. Rien n'est sûr pour le moment, mais je me projette encore et encore, depuis plusieurs mois sur mon parcours scolaire et mon aspect sportif.

Et maintenant en 2020, du haut de mes 16 ans je me réveille et apprends chaque jour. Après avoir étudié l'alimentation en 2019, je commence à m'intéresser aux domaines liés au développement personnel et je débute mon éducation financière pour entrer dans le business.

Dans la vie, j'ai toujours atteint mes objectifs, entre éducation scolaire, sport, confiance en soi, j'apprends chaque jour à devenir la meilleure version de moi-même. Je suis ambitieuse et voilà pourquoi j'ai écrit ce livre.

Je serais tellement fière de moi et de vous s'il vous a été utile. J'aimerais beaucoup entendre votre opinion sur ce livre, envoyez-moi votre commentaire au plus vite. Avant de vous quitter, je veux vous avertir que ceci est mon opinion et ma vision sur la confiance, mais la vôtre peut-être totalement différente. Restez fidèle à vous-même.

Je vous remercie et j'attends impatiemment votre avis pour échanger avec vous.

Je vous souhaite de devenir ambitieuse ou ambitieux ! Entreprenez tout ce que vous voulez grâce à votre confiance en vous et grâce à votre courage. La peur vous motivera à avancer.

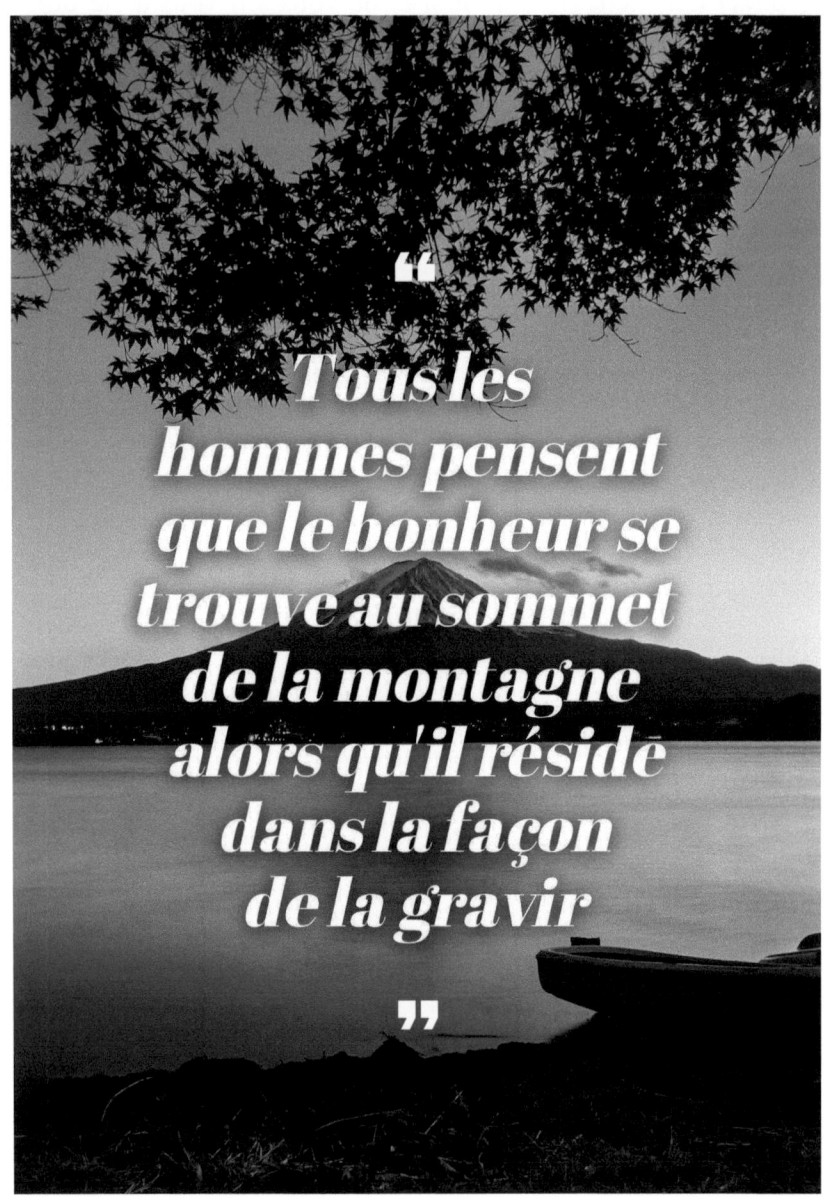

" Tous les hommes pensent que le bonheur se trouve au sommet de la montagne alors qu'il réside dans la façon de la gravir "

REMERCIEMENTS

Je tiens à remercier ma grand-mère, qui a lu et approuvé le contenu de ce livre. Je suis consciente qu'elle y a passé de nombreuses heures. Un grand merci à elle et à ma mère qui elle aussi a pris le temps de relire mon travail. Je suis très reconnaissante de l'aide qu'elles m'ont apportée en corrigeant mes fautes d'orthographe et de syntaxe.

Après la sortie du livre, je désire remercier mes fidèles lecteurs.

Enfin, je tiens à remercier chaleureusement les journalistes, les entrepreneurs qui m'ont offert l'opportunité de prendre la parole en conférence, ainsi que ma communauté, sans qui ce livre n'aurait jamais connu une telle diffusion ni généré autant d'impact.

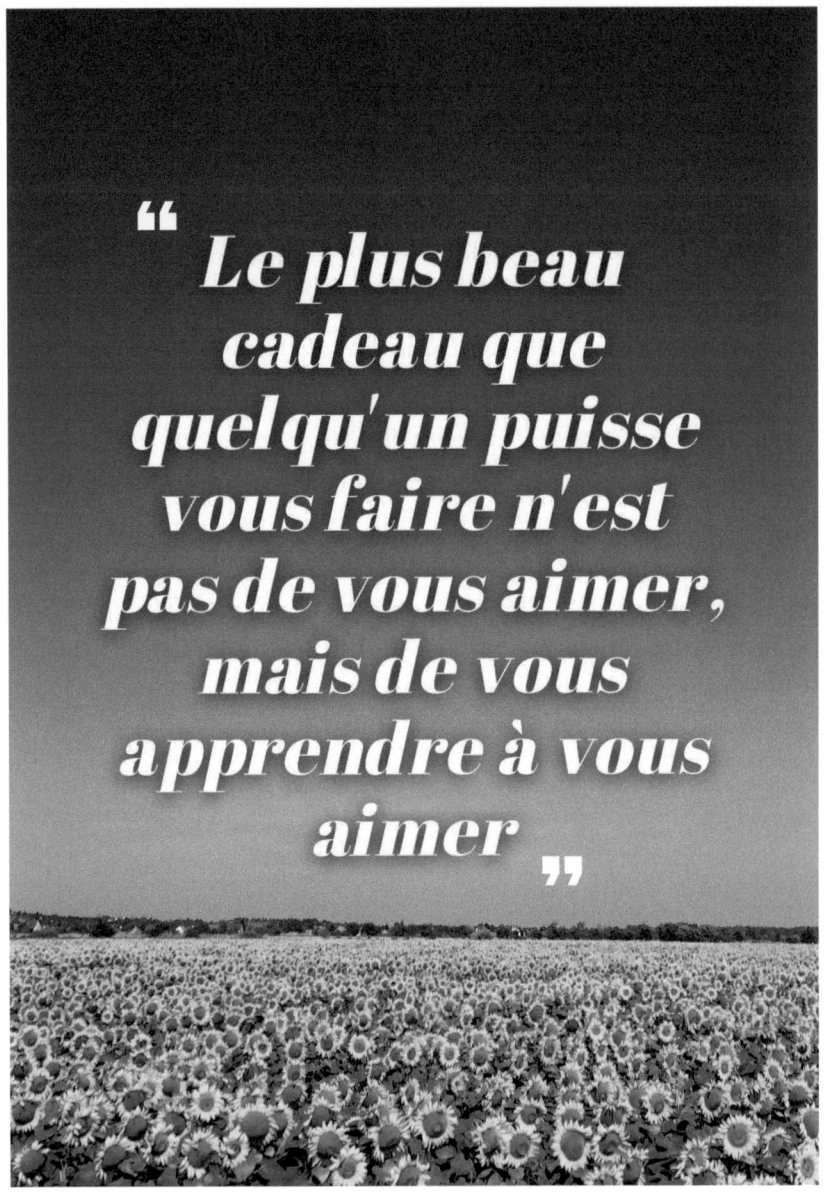

" Le plus beau cadeau que quelqu'un puisse vous faire n'est pas de vous aimer, mais de vous apprendre à vous aimer "

SOURCES

Je tenais à citer les auteurs d'une partie des photos libres de droits. En effet, un peu plus de la moitié des illustrations ont été prises par des photographes ayant posté gratuitement sur le site :

https://www.pexels.com/fr-fr/.

Voici leurs pseudos :

– Pixabay

– Kelly lacy

– Pok

– Next voyages

– Aleksandar Pasaric

– Cameron Casey

– Lisa Fotoos

– Senu scape

– K zoltan

– Vincent Rivaud

– Gotta be worth it

– Valdemares D.

– Liger Pham

- Paulo Marcelo Martins
- Mahe haroutirian
- Oliver Sjöström
- Nizam Abdul Lattheef
- Simon Clayton
- James Wheeler
- Zoé Pappos
- Visuels Aron
- Tiff Ng

Le parcours de l'auteure

"Everything is possible"

Une courte biographie

La création de mon livre va bien au-delà de mots rédigés noir sur blanc. Derrière ce travail se cache une personnalité à découvrir. Dans ces quelques dernières pages, je me suis ouverte, à vous, mes fidèles lecteurs. Je vous fais confiance et me confie à vous sur une courte période de ma vie.

Contacte-moi pour qu'on échange aussi sur ton parcours personnel

J'adore rencontrer de nouveaux visages. J'aime être à l'écoute de chacun, cela m'est très enrichissant personnellement.
Alors, j'attends ton retour, faisons connaissance !

UN CHANGEMENT RADICAL

Le confinement fut une très belle expérience pour Meily. Elle était autonome, gérait son temps et s'organisait de manière à terminer ses cours plus efficacement qu'en classe. Cela lui a permis de faire davantage de sport et d'autres activités.

Lors de son BAC de français, la jeune fille devait lire huit oeuvres au programme. Elle s'est vite rendu compte quelle appréciait la lecture, or, ces livres ne l'intéressait pas. C'est pourquoi, elle décida de lire des livres qui captaient son attention. Elle se lança et dévora les quelques livres de la bibliothèque de ses parents. Enfin, son père lui offrit un livre "Père riche, Père Pauvre". Son père en avait déjà fait la lecture en audio et souhaitais lui partager son contenu. À son tour, Meily apprenais les rudiments des finances personnelles.

Meily se remetta totalement en question. Elle devait à présent savoir ce qu'elle souhaitais faire après le lycée et quelle vie elle voudrais mener.
C'est alors quelle se plongea dans l'univers du développement personnel.

LIVRE

Meily s'épanouissait à travers ses lectures et recherches, tellement qu'elle se mit à elle-même écrire. Sur un coup de tête, elle rédigea. Son vœu était d'aider des personnes à améliorer leur vie quotidienne. De là vient son idée d'écrire sur "La confiance".

En une dizaine de jours top chrono, son livre était rédigé. Meily écrivais aussi vite qu'elle parlait ou qu'elle pensait, alors facilement son ouvrage pris forme. En premier, elle écrivit un sommaire. Puis, les chapitres. Ensuite, elle effectua une relecture et elle envoya son manuscrit à sa grand-mère et sa mère pour corriger un minimum ses fautes. En quelques semaines, le livre était là et fut publié en auto-édition en format Kindle sur Amazon. "Le pouvoir de la confiance" fut écrit à seulement 16 ans.

Meily reçu un énorme succès. Tous ses proches furent bluffés de ce qu'elle était devenue. Étonnés ils se demandaient tous comment avait-elle fait ce travail, "à son âge ?".

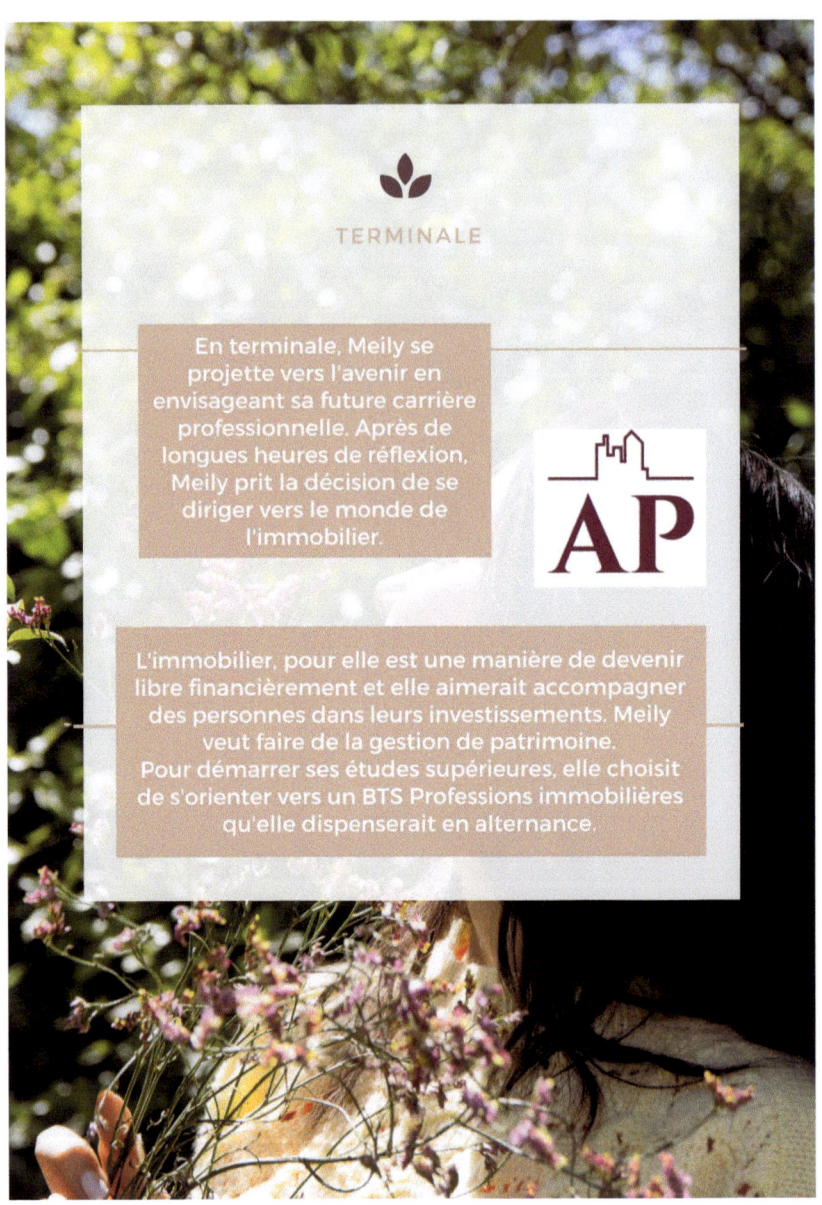

TERMINALE

En terminale, Meily se projette vers l'avenir en envisageant sa future carrière professionnelle. Après de longues heures de réflexion, Meily prit la décision de se diriger vers le monde de l'immobilier.

L'immobilier, pour elle est une manière de devenir libre financièrement et elle aimerait accompagner des personnes dans leurs investissements. Meily veut faire de la gestion de patrimoine.
Pour démarrer ses études supérieures, elle choisit de s'orienter vers un BTS Professions immobilières qu'elle dispenserait en alternance.

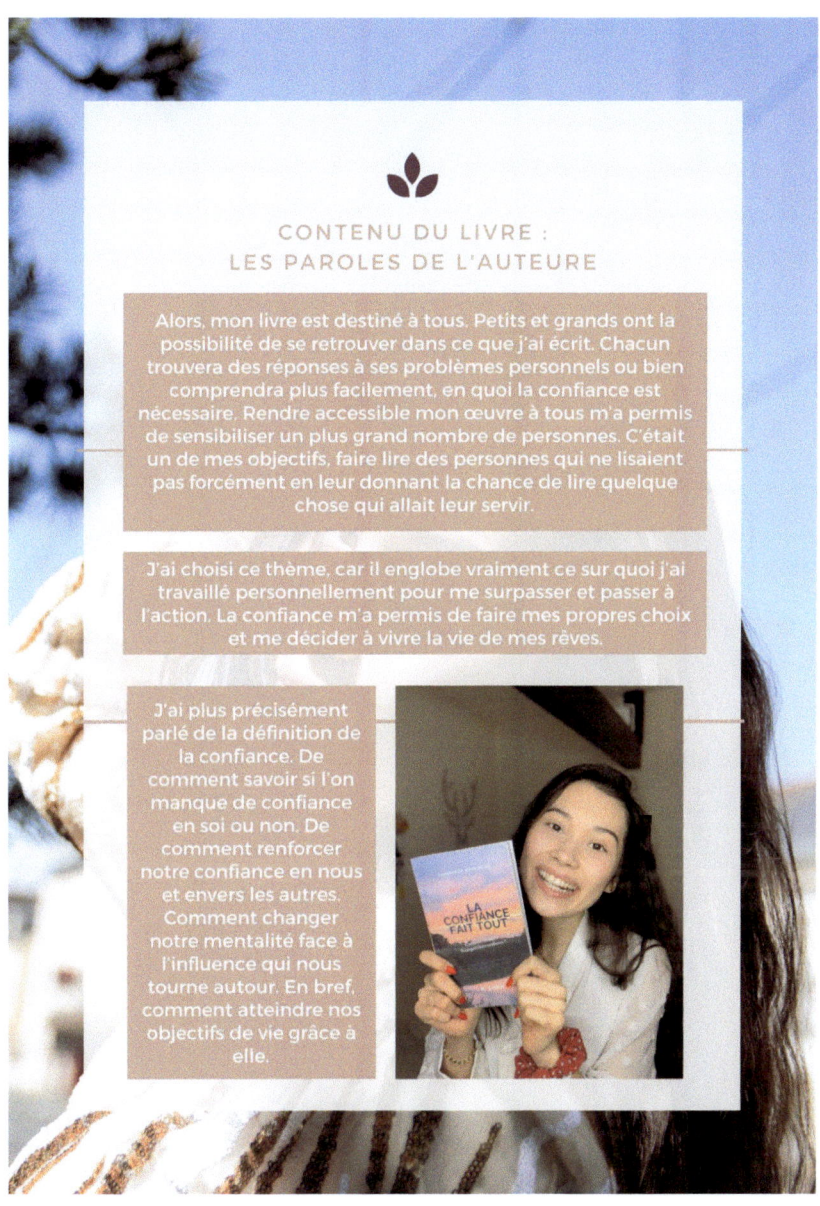

CONTENU DU LIVRE : LES PAROLES DE L'AUTEURE

Alors, mon livre est destiné à tous. Petits et grands ont la possibilité de se retrouver dans ce que j'ai écrit. Chacun trouvera des réponses à ses problèmes personnels ou bien comprendra plus facilement, en quoi la confiance est nécessaire. Rendre accessible mon œuvre à tous m'a permis de sensibiliser un plus grand nombre de personnes. C'était un de mes objectifs, faire lire des personnes qui ne lisaient pas forcément en leur donnant la chance de lire quelque chose qui allait leur servir.

J'ai choisi ce thème, car il englobe vraiment ce sur quoi j'ai travaillé personnellement pour me surpasser et passer à l'action. La confiance m'a permis de faire mes propres choix et me décider à vivre la vie de mes rêves.

J'ai plus précisément parlé de la définition de la confiance. De comment savoir si l'on manque de confiance en soi ou non. De comment renforcer notre confiance en nous et envers les autres. Comment changer notre mentalité face à l'influence qui nous tourne autour. En bref, comment atteindre nos objectifs de vie grâce à elle.

FORMAT BROCHÉ

En parallèle de son année de terminale générale, Meily travailla sur un projet personnel "Sortir son livre en format broché". Évidemment, elle désirait aller plus loin dans la rédaction de son livre. Et pour permettre une meilleure accessibilité c'était la seule solution. Durant le mois de janvier 2021, elle envoya toutes les 24 heures une mise en page à Amazon de son livre. Elle dut modifier l'exemplaire une trentaine de fois. Au final, son livre sorti début février. Ça y est, elle le tenait entre les mains !

Depuis, le succès n'a été qu'exponentiel. Meily a reçu de nombreux retours, a participé à quelques évènements et des médias l'ont diffusé.
- Séance de dédicaces, Festival Plumes et Pinceaux, Radio Alpes Mancelles, France Bleu Maine, Le Maine libre : 2 fois, Via LMTV Sarthe, Le ouest France, Vitaav, Actulemans, Nostalgie. Présentation dans son ancien collège...

"Je souhaitais synthétiser dans mon ouvrage « Pourquoi avons-nous besoin de confiance ? », « Pourquoi nous devions la travailler ? ». Je me suis rendu compte que beaucoup de personnes n'avaient pas confiance en elles et que cela pouvait vraiment leur gâcher la vie. Je voulais les aider à trouver comment s'améliorer. De plus, je voulais que les personnes qui avaient déjà compris cela s'améliorent et se surpassent."
Affirme Meily.

168

À VENIR

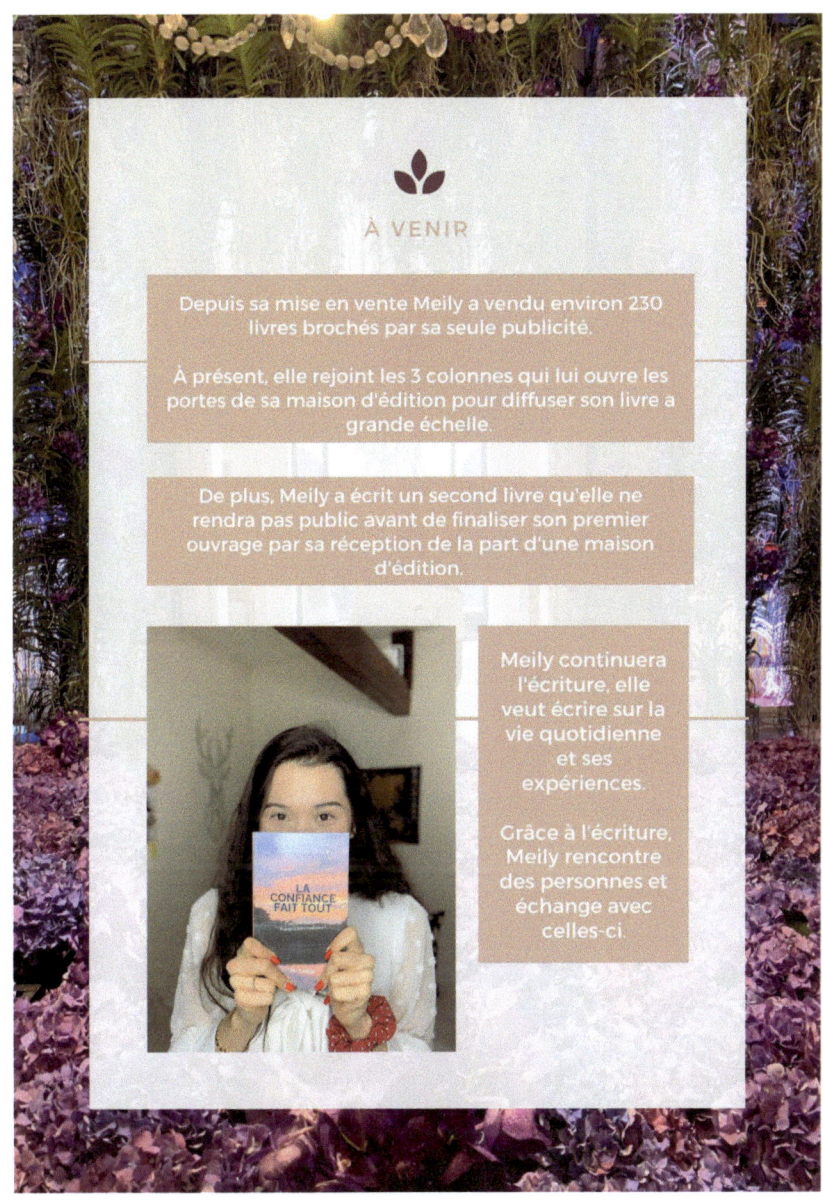

Depuis sa mise en vente Meily a vendu environ 230 livres brochés par sa seule publicité.

À présent, elle rejoint les 3 colonnes qui lui ouvre les portes de sa maison d'édition pour diffuser son livre a grande échelle.

De plus, Meily a écrit un second livre qu'elle ne rendra pas public avant de finaliser son premier ouvrage par sa réception de la part d'une maison d'édition.

Meily continuera l'écriture, elle veut écrire sur la vie quotidienne et ses expériences.

Grâce à l'écriture, Meily rencontre des personnes et échange avec celles-ci.

« La confiance » : la jeune expérience d'une lycéenne mancelle

Meily Chen.

PHOTO : LE MAINE LIBRE

À seize ans seulement, Meily Chen, jeune étudiante mancelle du lycée Notre-Dame, publie un premier ouvrage autoédité tout simplement baptisé « La confiance ».

La confiance, la lycéenne de terminale n'en manque visiblement pas. Elle confie des projets d'avenir tournés vers une carrière dans l'immobilier après une licence et un master « Gestion du patrimoine » en apprentissage.

Avec « La confiance », Meily joint à son histoire et sa réussite personnelle ce qu'elle a pu apprendre au travers de ses rencontres, ses lectures d'auteurs spécialisés dans un vaste domaine qui touche aussi à la santé, l'alimentation et la communication.

« J'ai toujours eu confiance en moi dès le collège, ni perdu confiance en découvrant ce que je ne connaissais pas » explique l'auteure d'un ouvrage qui s'adresse à tous les publics et tous les âges « même à ceux qui n'ont pas l'habitude de lire ».

Confiance en soi, influence des autres et des parents, comment connaître ses émotions, les nouvelles habitudes, l'épanouissement personnel, les défauts de la confiance... En huit chapitres, Meily Chen vulgarise avec aplomb une grande partie des connaissances actuelles dans ce domaine.

« La confiance ». 180 pages. 8 €
En vente : Formule PC au n°42, rue Gambetta, Terre et Nature au n°49, rue Gambetta
ou meilychen@outlook.fr

IGML06

172

 SChC

★★★★☆ Achat vérifié

Bel engagement d'une lycéenne volontaire

Commenté en France le 19 août 2020

La confiance, clé de voûte de notre vie... vue par une jeune fille de 16 ans. Un intéressant point de vue orienté "action". Beaucoup d'énergie positive dans ce joli livre.

 OLIVIER

★★★★★ Achat vérifié

Excellent

Commenté en France le 6 septembre 2020

Ce livre est excellent je vous le recommande vivement , il vous aidera à plus vous faire confiance , il n'y a rien d'autre à dire mise à part bravo !

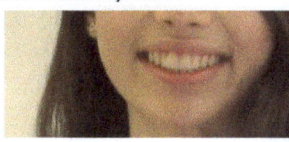

 Jeudon jeremy

★★★★★

Confiance

Commenté en France le 12 avril 2021

Excellent livre de cette jeune auteure, la confiance en soi expliquée simplement, rapide à lire lorsque l'on se plonge dedans...

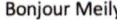

Bonjour Meily

Je voulais te faire un retour sur ton livre il et génial je me suis vraiment retrouvé dans ton livre . Franchement j'ai adoré ces impressionnant de ce retrouvé dans ce que tu dit à ce point
Félicitations bravo j'ai hâte de lire ton deuxième livre
Merci pour la dédicace
Et bonjour à tes parents
Anne Laure Aubier

Bonjour Meily,

Sous les conseils de Souriya qui m'a formée en magnétisme, j'ai lu ton livre 😊

Tout d'abord, félicitations ! Avec 10 ans de moins, je n'en aurais pas fait autant. Je ne suis pas experte dans la thématique de la confiance, mais je l'ai trouvé complet. Les idées sont très bien construites. Comme tu l'as écrit, même si on ne manque pas de confiance on peut toujours la renforcer, idem selon les domaines. Ça m'a fait du bien de relire des conseils intemporels. Le livre est agréable à lire. C'est le premier que j'arrive à lire entièrement dans le métro, pour dire. J'espère que tu vas continuer 😉

LAURE BENARD

ON PARLE
DE MEILY !

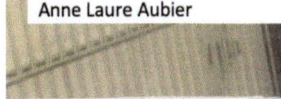

À 17 ans, Meily écrit son premier ouvrage

En terminale au lycée Notre-Dame, Meily Chen publie un livre de réflexion sur la confiance en soi.

Elle a déjà tout d'une pro. Dimanche 30 mai, Meily Chen était invitée à Plumes et pinceaux, au parc Monod. Elle dédicaçait son premier livre, *La confiance fait tout.*

Étonnant de remarquer autant de sagesse chez la jeune femme de 17 ans, lycéenne en terminale à Notre-Dame. « **J'ai écrit ce livre pendant le confinement, après avoir beaucoup lu**, confie-t-elle. Je pense que la lecture, c'est une aventure, un cadeau que vous vous faites ! »

Inviter à la réflexion

« En classe de première, j'avais des livres à lire qui ne m'ont pas plu du tout. Après l'annulation du bac, à cause du Covid, j'ai décidé de lire des livres qui me plaisaient et que j'avais choisis. »

Pour l'écriture de son livre, l'écrivaine s'est appliquée à analyser le comportement de personnes connues dans le milieu politique, le business ou le show-biz. En un mois, Meily écrit son livre composé de petits chapitres avec des images et des citations. La confiance, une qualité très importante pour la jeune femme. Et bien qu'elle se défende d'avoir écrit une biographie, elle aborde plusieurs thèmes qui tournent autour du sujet, pour « donner des clés et inviter à la réflexion ! » Et un questionnement. Comment développer et améliorer la confiance en soi ? Dans quelles mesures avoir confiance en soi peut

Meily Chen, autrice de « La confiance fait tout ».
| PHOTO : OUEST-FRANCE

aider ? Comment maîtriser ses décisions ? Impressionnant ! « **La confiance fait tout** », persuade Meily Chen.

Comment s'aimer et pourquoi se faire confiance ? Réponse en 170 pages et 20 chapitres illustrés d'images et de citations qui attendent des réponses de ses lecteurs sur les réseaux sociaux.

La confiance fait tout : disponible chez Formule PC, 42, rue Gambetta. Tarif, 8 €. Mail : meilychen@outlook.fr Instagram Facebook Snapchat Mjc72000

JOURNAL DU OUEST FRANCE – 10 JUIN 2021

Meily Chen signe un livre sur la confiance

16 mai 2021 / Camille Boisard / chronique livresque

Elève en Terminale dans un lycée du Mans, Meily Chen a publié *La confiance fait tout* en mars 2021. La jeune autrice de 17 ans se confie sur ce premier ouvrage.

Comment est née l'envie de publier un livre ?

Etant de nature curieuse, je me suis intéressée à de multiples domaines tout en lisant ou en regardant des vidéos sur le développement personnel. Je notais ce que j'apprenais au fur et à mesure et je me suis dit qu'écrire un ouvrage était une bonne occasion pour tout retransmettre.

actuLe Mans

Actu | Pays de la Loire | Sarthe | Le Mans

Le Mans. A 16 ans, Meily Chen a écrit son premier livre sur la confiance

Lycéenne au Mans (Sarthe), Meily Chen a écrit un ouvrage sur la confiance alors qu'elle avait 16 ans l'été 2020. Son livre a été publié en format broché début 2021.

175

La jeune Mancelle Meily Chen a terminé son deuxième livre

En 2020, Meily Chen écrit à seize ans, son premier livre : « *La confiance fait tout : Le pouvoir de la confiance : Changer de mode de vie* ».

« *Je l'ai d'abord édité au format kindle avec Amazon, et j'ai fait vingt-quatre heures gratuit, donc la plupart des gens l'ont eu gratuitement. En janvier 2021, je l'ai sorti en broché, après une trentaine de sessions de mise en page* », explique la jeune femme, qui a aujourd'hui dix-sept ans.

Nouvel éditeur

« *J'ai terminé mon deuxième livre, qui parle de l'alimentation et son influence dans notre société, comme l'obésité, les maladies. Il y a quelques années j'ai perdu douze kilos. C'est en partant de mes lectures que j'ai acquis l'expérience que je restitue dans ce livre* », continue Meily Chen. Un livre qui ne sera pas rendu public tout de suite. « *Je prends le temps d'éditer « La confiance fait tout », mon premier livre, non plus en auto-édition, mais avec un vrai éditeur avant de publier le deuxième livre* », conclut la jeune auteure qui a en projet un troisième livre sur la liberté financière.

Mais avant cela, Meily Chen doit terminer ses études pour devenir ges-

Meily Chen, chez Terre et Nature, rue Gambetta, où son livre est disponible. PHOTO : LE MAINE LIBRE

tionnaire de patrimoine, afin de gagner cette liberté.

Pour contacter l'auteur :
meilychen@outlook.fr

SORTIE EN 2022 D'UN LIVRE AXÉ L'ALIMENTATION

MEILY À DES RÊVES

Meily aime relever les défis, elle aime la compétition avec elle-même. Elle est très exigeante envers elle-même ce qui forge son mental de plus en plus. Elle souhaite réaliser de grands progrès dans tout ce qu'elle entreprend.

Un des rêves de Meily, être indépendante dans tous les domaines. Financièrement, géographiquement, en famille, en amitié, en amour... Pouvoir être libre. Au plus profond d'elle, elle veut se créer des souvenirs inoubliables que ce soit seule ou accompagnée elle a envie d'apprendre et de découvrir le monde.
Meily est heureuse et aime rendre heureux l'univers qui l'entoure.

Retrouve-moi sur :

meilychen.fr

contact@meilychen.fr

meily.auteure

Meily Chen

Meily Chen

Scannez ce QR CODE et ajoutez-moi sur les réseaux sociaux :

https://www.auteurleader.fr/coordonnees

ISBN : 978-2-3225-6189-6

Dépôt légal : Juin 2025

(première édition)